All《オール》 carbon neutral《カーボンニュートラル》

100年後の地球のために すべきこと

カンケンテクノ株式会社
相談役
今村啓志【著】

発行：ダイヤモンド・ビジネス企画　発売：ダイヤモンド社

まえがき

この原稿を執筆している2024年現在、世界的な半導体不足に見舞われている。2020年以降世界を席巻した新型コロナウイルスの感染拡大、そして2022年のロシアによるウクライナ侵攻などがその傾向に拍車をかけている。

半導体は「産業のコメ」の異名を持つように、パソコンやスマートフォンをはじめ、自動車、ゲーム機、ICカード、家電製品など、ありとあらゆる製品に使われ、現代の人々の生活になくてはならないものである。

ただし、製造過程において、地球温暖化を引き起こす有害なガスを排出する。その有害なガスを処理する装置が生産を支え、さらに地球温暖化ガスを分解し無害化することで地球温暖化対策に貢献している。

私・今村啓志は、京都府長岡京市の「カンケンテクノ」の相談役を務めている。当社は1978年に大阪府吹田市で創業。2005年に現在の地に本社を移転した。創業からこれまで、工場から排出される排ガスの処理装置の開発・設計・製造・アフターサービスを一貫して提供し続けている。

「地球温暖化を引き起こす元凶は？」と問われれば、二酸化炭素（CO_2）と答える人は多いだろう。しかし地球上には、CO_2以上の温暖化効果を持つガスが存在している。

例えば四フッ化炭素（CF_4）と呼ばれるガスは、CO_2の５７００倍、六フッ化硫黄（SF_6）に至っては、２万３９００倍以上の温暖化係数を持っている。いずれも、半導体の製造など、産業活動によって排出されるガスだ。

カンケンテクノは、CO_2の１万倍以上の有害性を持つこれらのガスを分解（破壊）する装置を生産し、地球温暖化の防止に貢献。さらに国内外の半導体工場・液晶工場などに納入し、ものづくりを陰ながら支えている。

高度経済成長期、経済の効率性や開発が優先され、地球環境について顧みられることはあまりなかった。ところが、21世紀に入り、国際連合をはじめとした国際機関は、人類の生存と持続可能な開発のために、様々な規制や条約で声高に叫ぶようになった。

各国家も、先進国、発展途上国の区別なく、地球温暖化対策に乗り出している。そして、2050年までに温室効果ガスの排出を全体としてゼロにする「カーボンニュートラル」が、世界人類共通の目標として掲げられることとなった。

私は、高度経済成長期から排ガスの無害化装置に携わってきた。そしてカンケンテクノを立ち上げてからは、当時世界を席巻していた日本の半導体生産を無害化装置で支え続けてきた。

21世紀に入り、前述のような環境意識の高まりに比例するかのように業績は上がり、排ガスの処理装置で国内トップシェアを占めるまでに至った。海外にも進出し、ニッチな分野における世界市場のトップ企業を指す「グローバルニッチトップ企業100選」に経済産業省から認定された。

カンケンテクノの社会的使命は、一言で言えば「工場から排出される有害ガスの無害化や地球温暖化ガスを分解し、きれいな空気を守り続ける」ことである。

カンケンテクノのマークは、円の中に「K」の文字をデザインしている。この円は〝循環・浄化・つながり〟を意味し、地球を表現。さらに、「K」によって分かれる円のそれぞれの部分は「水」、「空気」、「植物」という、私たちの生活に欠かせないものを表している。

私たちは「未来環境を創造するカンケンテクノ」をスローガンに掲げ、水・大気・緑をクリーンに保ち、地球上すべての生物が共生する循環型未来をめざしている。とりわけ大気環境を改善する事業を通して、社会に貢献し、ニーズを先取りした企業になりたい――そういう思いをシンボルマークに込めている。

本書は4章で構成している。第1章ではその入り口として、カーボンニュートラルの概要や地球温暖化、温室効果ガスについて私なりの視点で解説し、その上で脱炭素社会に向けた、当社の社会的役割について触れる。

第2章では、当社が「グローバルニッチ」と呼ばれるまでの歩みについて、第3章では、カンケンテクノの無害化装置や技術について紹介する。

第4章ではまとめとして、持続可能なカーボンニュートラル社会に向けて産業界が取り組むべきことについて提言。さらに、研究者やものづくりをめざしている若い人々に対してのメッセージも盛り込んだ。

私の経験や思いを一冊の書籍にまとめることで、50年後、100年後の地球を考える助けになれば、これに勝る喜びはない。

2024年12月　今村啓志

目次

第3章 カーボンニュートラルに貢献するものづくり

――カンケンテクノの無害化技術

第4章 カーボンニュートラル社会に向けた展望
——未来へのメッセージ

第1章

広い地球の小さな大気

―― カンケンテクノの社会的役割

世界規模で実現をめざすカーボンニュートラル

温暖化対策を経済成長に繋げる

２０２０年10月、菅義偉首相（当時）は所信表明演説の中で、日本が２０５０年までに温室効果ガスの排出を全体としてゼロにする「カーボンニュートラル」をめざすことを宣言した。

さらに翌２０２１年、政府は「２０５０年カーボンニュートラルに伴うグリーン成長戦略」を策定。温暖化への対応は経済成長の足かせになるという考えを転換し、積極的な温暖化対策を経済成長に繋げるという「経済と環境の好循環」をつくっていこう、という考え方だ。

この一連の政府の動き以来、メディアなどで「カーボンニュートラル」という言葉を見聞きする機会が格段に増えた。人々の環境に対する意識もシフトチェンジしたように感じる。

日本、ひいては世界が「カーボンニュートラル」という大きな目標に向かって歩を進めていくことは、有害なガスの無害化や温室効果ガスの分解をする装置で地球環境保全に貢献してきた、当社の企業価値をさらに高くするものと考えている。

私たちは半導体工場や液晶工場などから排出される、有害なガスの無害化や温室効果ガスの分解をする装置を製造してきた。パソコンや携帯電話などのデジタル家電製品に使われる半導体や液晶は、言うまでもなく日常生活に欠かせないものであるが、製造過程で副生成物として有害ガスが発生する。それらを無害化する装置を世の中に送り続けることで、産業界、そして地球環境に貢献してきたのである。

分解する方法についても、当初から電気を使って有害成分を分解する「電気式」を採用してきた。一般的に有害なガスは、燃やすことで無害化する「ガス燃焼式」が主流であるが、燃やした分、温室効果ガスの一つである二酸化炭素（CO_2）と酸化窒素（NO_x）が発生するという欠点があり、環境面での貢献では電気式に軍配が上がる。今でこそ「非電力部門の電化」によるCO_2の削減が叫ばれているが、私たちは40年以上前から電化にこだわり続けてきた。

振り返れば1978年の創業当時、公害対策を講じる企業はあっても、地球環境について考える企業はまだ少数であった。環境に配慮した装置を設置することは、企業にとっては「コスト」に他ならなかった。

それが今や、「環境保全を経済成長に繋げていこう」という機運になり、当時を振り返ると隔世の感すらある。少々不遜な言い方かもしれないが、「時代が我われに追いついてきた」とさえ感じてしまう。

カンケンテクノの歩んできた道、そしてこれからの進む道を語る上で、「カーボンニュートラル」や「地球温暖化」は外すことのできないキーワードである。この章では、本書の「入り口」として、カーボンニュートラルの意味や地球温暖化のメカニズムを私なりに解説。環境保全に向けた国際的潮流を踏まえた上で、排ガス除害装置のグローバルニッチ企業である当社の役割や課せられた使命について考えてみたい。

わかるようでわかりづらいカーボンニュートラル

「カーボンニュートラル」とはそもそもどういうことなのか。「何となく知っているけど、詳しくはわからない」という人は多いのではないだろうか。

カーボンニュートラルとは、CO_2をはじめとする温室効果ガスの「排出量」から、地球上の森林などによる「吸収量」を差し引いて、合計を実質的にゼロにすることを意味する。「カーボン」とは、炭素のことで、CO_2の「C」が相当する。「ニュートラル」とは、中立、中間という意味である。

私たちは、日々の産業活動や生活で、おびただしい量の温室効果ガスを排出している。国立環境研究所のデータによると、日本の温室効果ガスの総排出量はここ数年、年間12億t前後（CO_2換算）で推移している。

仮に、半径5mの球体をした巨大な風船があるとする。この風船の中に入っているCO_2の体積が、ちょうど1tに相当する（気温0℃、1気圧の場合）。つまり、半径5mの風船12億個分のCO_2を、私たち日本人は毎年排出しているというわけだ。

排出量を部門別で見ると、約35%は火力発電などのエネルギー転換による排出で、

図表｜日本の温室効果ガス排出量の推移と今後の目標

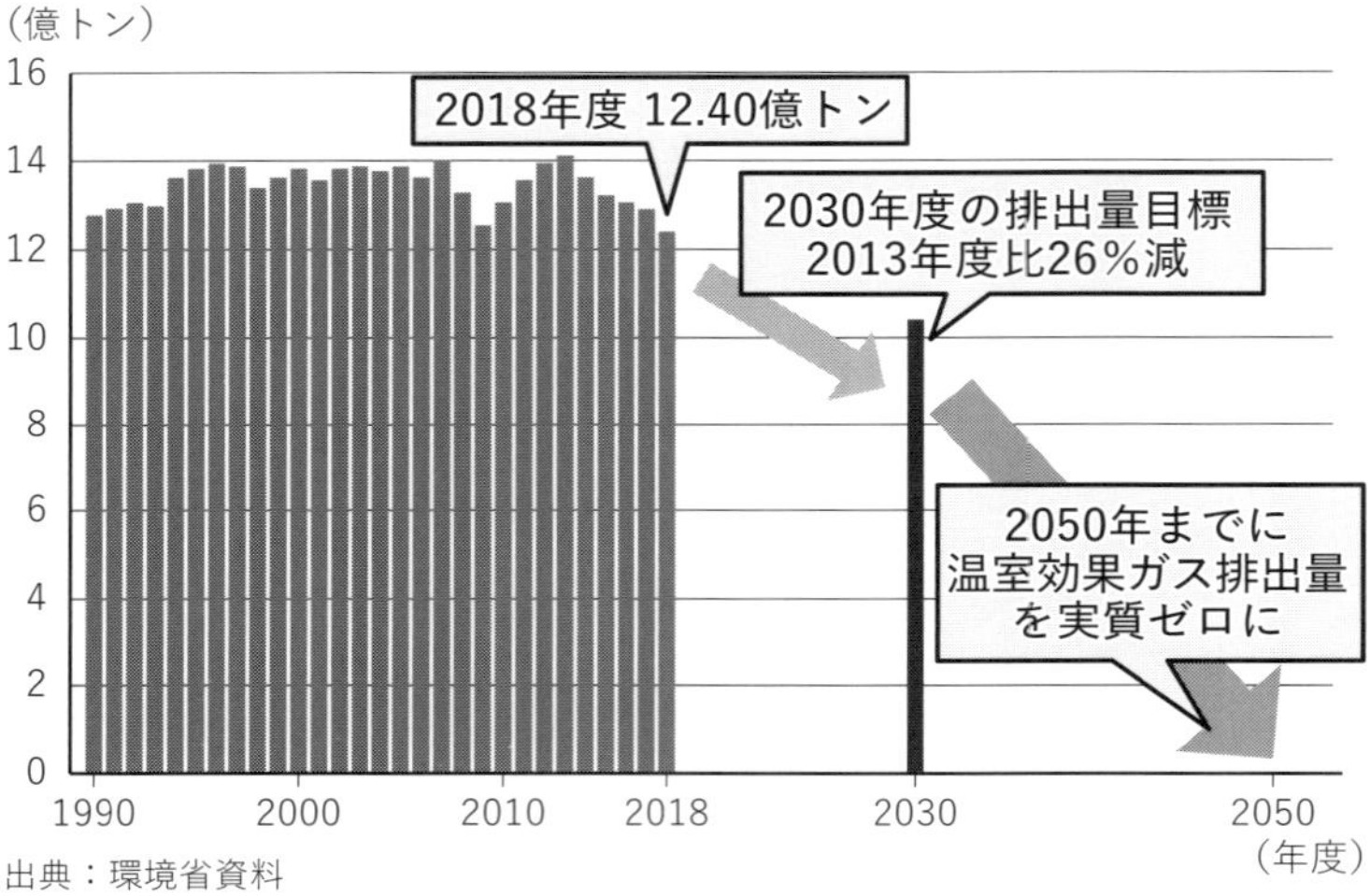

出典：環境省資料

25％は工場などの産業活動によるものである。その他、乗用車やトラック、バス、航空機などの運輸部門が15％、家庭での消費が10％、その他15％の割合となっている。

これらの温室効果ガスの排出をゼロにするのが理想ではあるが、そうすると社会生活はたちまち成り立たなくなってしまう。そこで、削減が難しい部分の埋め合わせをするために、温室効果ガスの吸収や除去を行うことによって、大気中に排出される温室効果ガスの量がこれ以上増えないようにしようという考え方が、カーボンニュートラルなのである。

温室効果ガスの除去で、最もイメージが湧きやすいのは森林の光合成によるCO_2の吸収であろう。それ以外にも、地球の表面積の７割を占める海洋も、実は相当な量のCO_2を吸収している。

また、近年では、人為的な力によってCO_2を吸収してしまう方法が研究されている。その一つが、排出されたCO_2を集めて地中に貯留する「ＣＣＳ（Carbon dioxide Capture and Storage)」という技術。コスト面など、まだまだ課題は多いようだが、実現すればカーボンニュートラルに大きな役割を果たすだろう。有害なガスの無害化という分野で環境に貢献してきた技術者として、大きな期待を寄せている。

世界のカーボンニュートラルの潮流を変えた「パリ協定」

この「カーボンニュートラル」という崇高な理想を、世界共通の目標までに昇華させたのが、２０１５年に締結された「パリ協定」である。一度は耳にしたことがある言葉ではないかと思う。

パリ協定とは、２０２０年度以降の気候変動に関する国際的枠組みである。

温室効果ガス削減に関する国際的取り決めを話し合う「国連気候変動枠組条約（UNFCCC）」の第21回締約国会議（通称COP21）で合意された。もちろん、日本も批准手続きを経て、パリ協定の締結国となっている。

パリ協定では、次のような長期ビジョンが掲げられている。

・世界の平均気温上昇を産業革命前に比べて2℃より十分低く保ち、1・5℃に抑える努力をする

・そのため、できるかぎり早く世界の温室効果ガス排出量をピークアウトし、21世紀後半には、温室効果ガス排出量と（森林などによる）吸収量のバランスをとる

このパリ協定は、世界のカーボンニュートラルの潮流を変えたといわれる。その理由は、二つの点にある。

一つは、長期での気温の目標や、カーボンニュートラルの数値目標などを明記した点。それ以前の国際的枠組みでは、具体的な目標が掲げられることがなかった。「気温を2℃低くする」、「1・5℃に抑える」、「排出量と吸収量をプラスマイナスゼロ」

と明記した初のケースとなる。

そしてもう一つは、発展途上国を含むすべての参加国に、排出量削減の努力を求めている点である。

20世紀後半、「南北問題」という言葉が盛んに聞かれるようになった。これは米国、日本、西欧諸国をはじめとする先進工業国と、それ以外の発展途上国の間に存在した、経済格差による対立のことである。当時北半球に先進国が多く、発展途上国が南半球に多かったことからその名が付いたという。

カンケンテクノを創業して間もなく、中国の工場に有害なガスを無害化する装置を設置する事業に取り組んだ。当時、取引先の松下電子工業（松下電工）が中国でテレビの工場を建設するのに伴い、カンケンテクノの浄化装置が採用されることになったためだ。

今の中国の姿からは想像しづらいだろうが、当時は政情が不安定で、日本と比べると経済も立ち後れていた。工場建設にしても土地はタダ同然で、多くの建物はまだレンガ造りだったと記憶している。ましてや、環境に対する意識は希薄であった。

それでも、松下電工はあえて日本と同様の環境基準を守って工場を建てることとし、私たちにお声が掛かったのであった。

ともかく、パリ協定以前の枠組みにおいては、発展途上国には温室効果ガスの排出削減義務が課せられていなかった。しかし、発展途上国が急速に経済発展を遂げて排出量が増える中、先進国は不公平感を募らせていった。

そこで、パリ協定では、発展途上国を含むすべての参加国と地域に、2020年以降の「温室効果ガス削減・抑制目標」を定めることにした。さらに、削減・抑制目標は、それぞれの国が国情を考慮して自主的に策定することとしている。先進国と発展途上国の溝を埋め、カーボンニュートラルを世界人類共通の目標と定めているのが、「パリ協定」だ。

どうして「2050年まで」なのか?

ここで菅首相(当時)によるカーボンニュートラル宣言に話を戻したい。

菅首相は、カーボンニュートラルの実現時期として、「2050年」という具体的な年限を掲げている。

図表｜2050年カーボンニュートラルの実現

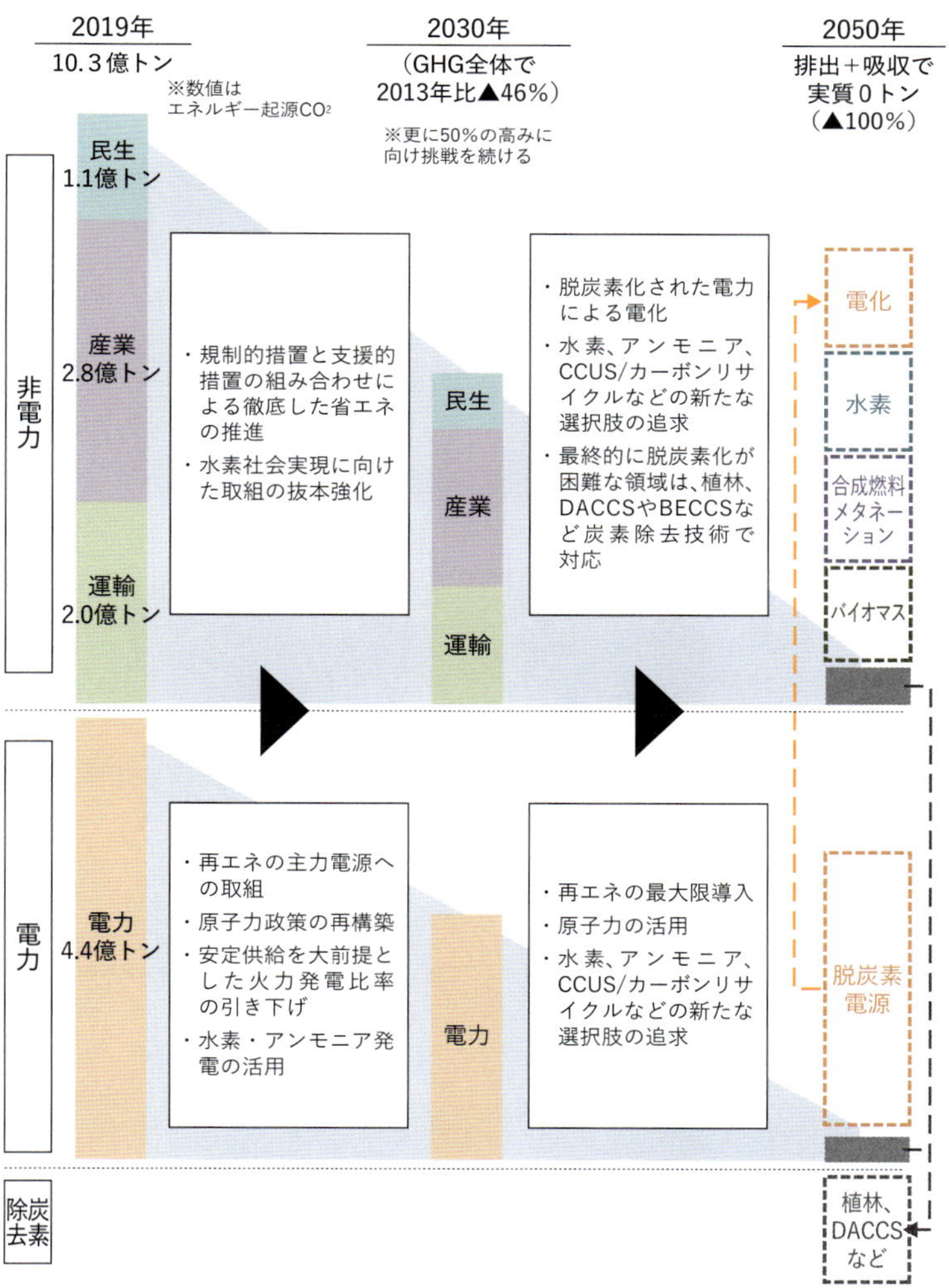
2019年
10.3億トン
※数値は
エネルギー起源CO2
2030年
（GHG全体で
2013年比▲46％）
※更に50％の高みに
向け挑戦を続ける
2050年
排出＋吸収で
実質0トン
（▲100％）
非電力
民生
1.1億トン
産業
2.8億トン
運輸
2.0億トン
・規制的措置と支援的措置の組み合わせによる徹底した省エネの推進
・水素社会実現に向けた取組の抜本強化
民生
産業
運輸
・脱炭素化された電力による電化
・水素、アンモニア、CCUS/カーボンリサイクルなどの新たな選択肢の追求
・最終的に脱炭素化が困難な領域は、植林、DACCSやBECCSなど炭素除去技術で対応
電化
水素
合成燃料
メタネーション
バイオマス
電力
電力
4.4億トン
・再エネの主力電源への取組
・原子力政策の再構築
・安定供給を大前提とした火力発電比率の引き下げ
・水素・アンモニア発電の活用
電力
・再エネの最大限導入
・原子力の活用
・水素、アンモニア、CCUS/カーボンリサイクルなどの新たな選択肢の追求
脱炭素
電源
除炭
去素
植林、
DACCS
など

図表｜年平均地上気温の変化（1986-2005年平均からの偏差）

2081～2100年におけるRCP2.6と
RCP8.5のシナリオによるCMIP5複数モデル平均の分布図

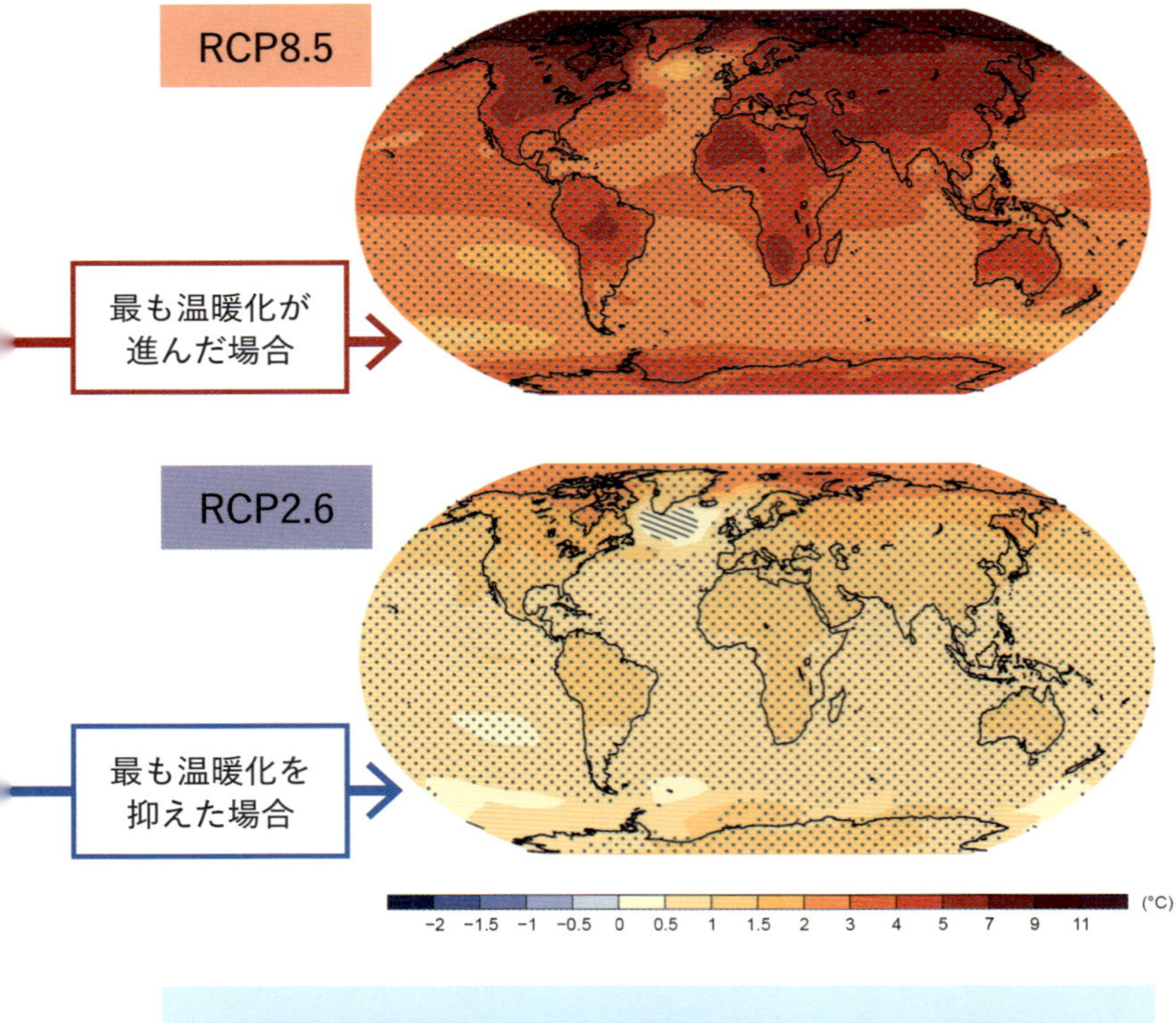

北極域は世界平均より早く温暖化し、陸上における平均的な温暖化は海上よりも大きくなるだろう（非常に高い確信度）
(IPCC AR5 WG I SPM p.20, 21-22行目)

出典：図, IPCC AR5 WG I SPM Fig. SPM.8(a)

図表｜1986-2005年平均に対する世界平均地上気温の変化

CMIP5の複数モデルにより シミュレーションされた時系列
(1950年から2100年)

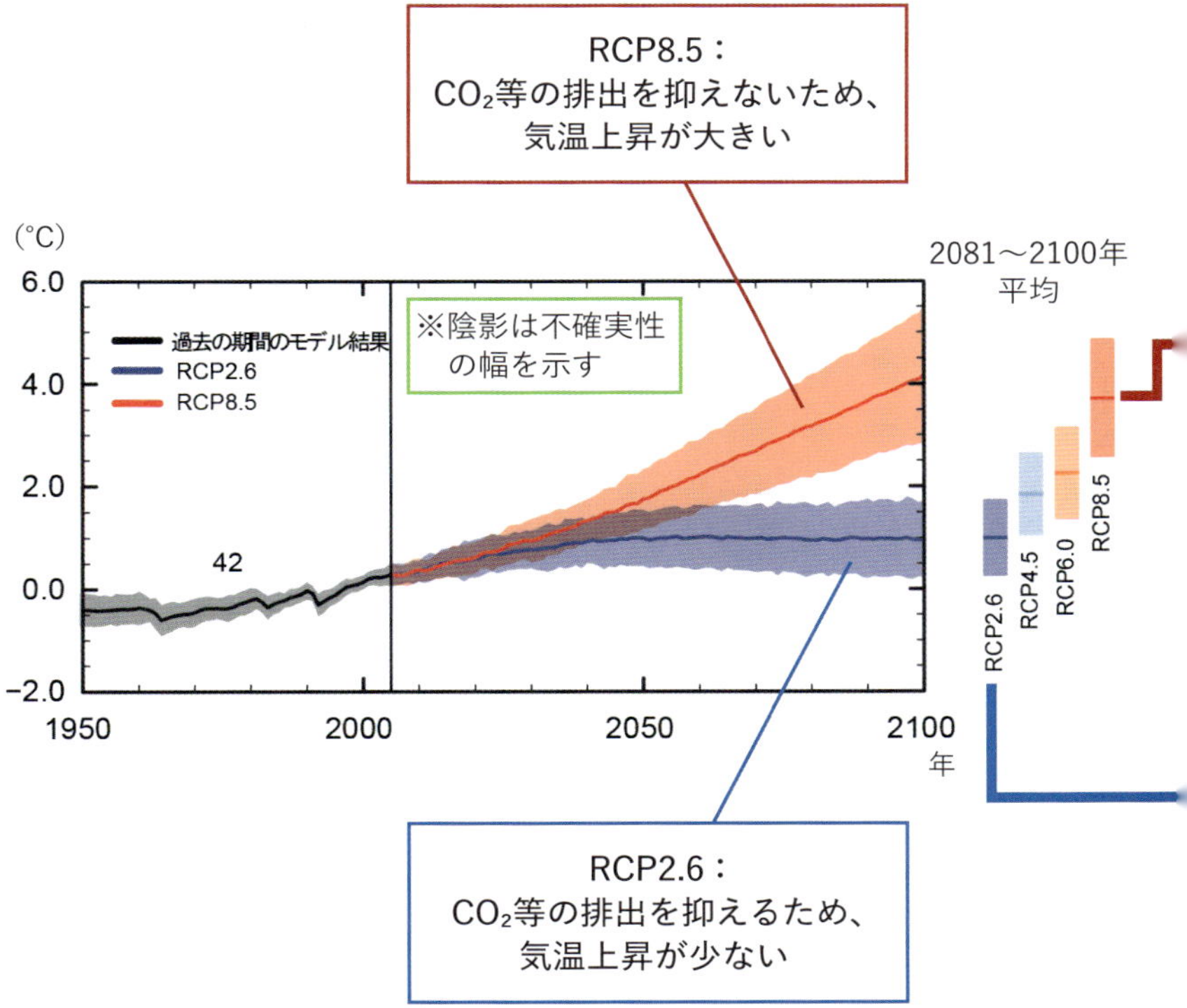

出典：図, IPCC AR5 WG I SPM Fig. SPM.7(a)

この年限は、日本に限ったことではなく、米国、EU、英国、韓国など、多くの国が2050年までの達成を目標に掲げている。2021年に英国・グラスゴーで開かれ、岸田文雄首相も出席した「COP26」の開催時点で、世界の150カ国以上が年限付きのカーボンニュートラル目標を掲げており、そのほとんどが2050年である。

では、なぜ2050年なのか。その根拠となるのは、2018年10月に韓国・仁川で開催された国際会議「気候変動に関する政府間パネル（IPCC）」で出された衝撃的な報告書であった。

IPCCとは、地球温暖化に関する科学的な研究について考察する国際学術機関である。1988年に世界気象機関と国連環境計画が共同で設立。世界のほとんどの国が参加しており、事務局はスイス・ジュネーブにある。

このIPCCの報告書では、産業革命前と比べ、2017年の時点ですでに平均気温は約1・0℃上昇したと推定し、このまま気温上昇が続けば、早ければ2030年に1・5℃の上昇に達してしまう可能性が高いと指摘。また1・5℃以内の上昇にとどめた場合は、2℃程度上昇の場合と比べ、気候変動による影響を小さくできるとしている。

その上で、温室効果ガスの排出を、２０３０年に２０１０年比で45％削減し、そして２０５０年に実質ゼロにすれば、気温上昇を１・５℃程度に抑えることができると報告している。

出典：IPCC AR5 WGI SPM Fig. SPM.8（a）
(https://www.env.go.jp/earth/ipcc/5th/pdf/ar5_wg1_overview_presentation.pdf) 37ページ

この報告を機に、２０５０年に温室効果ガスの排出を実質ゼロにする機運が各国で加速。国家のみならず、地方自治体、そして民間企業などが２０５０年のカーボンニュートラルを宣言する事例も増加していった。

温暖化のメカニズムを知る

人間活動の活発化で増えた温室効果ガス

ここまで、温暖化を防ぐため、2050年までにカーボンニュートラルを実現する必要があることを説明した。ここからは、地球温暖化のメカニズムについて説明していきたい。

地球には、太陽から日射エネルギー（いわゆる太陽光）が降り注いでいる。その日射エネルギーの約7割は、大気と地表面に吸収されて熱に変わっている。そして地表面から放射された赤外線の一部は、大気中の温室効果ガスに吸収され、地表は適度な温度に保たれている。

とかく悪者にされがちな温室効果ガスだが、もしまったく地球上からなくなってしまえば、地球は生命が存在できない「死の星」となってしまう。現在の地球上の平均

図表｜温室効果のメカニズム

①太陽から届く日射エネルギーの約７割は、大気と地表面に吸収されて熱に変わる。

②地方面から放射された赤外線の一部は大気中の温室効果ガスに吸収され、地表を適度な気温に保っている。

③人間活動により、大気中の温室効果ガスの濃度が急に上昇しており、地表の温度が急上昇するおそれがある。

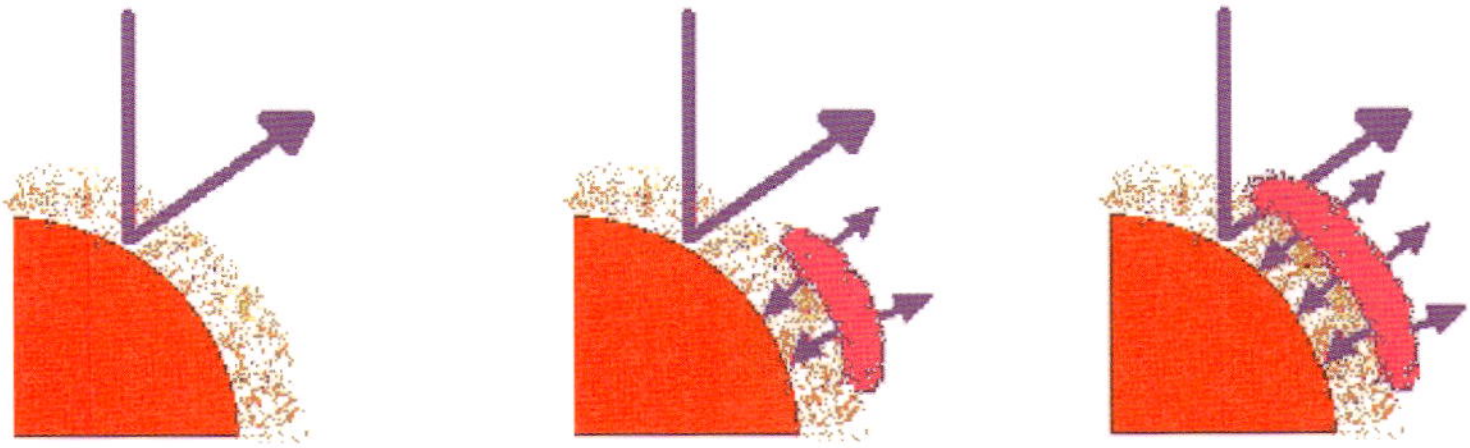

出典：「地球環境キーワード事典」環境庁地球環境部

気温は約15℃だが、温室効果ガスがなくなるとマイナス19℃くらいにまで下がるといわれている。

つまり、温室効果ガスなくして、人類が地球上で生活をすることはあり得ないのである。

ところが、人間活動の活発化で化石燃料の燃焼が増えたことで、温室効果ガスが今までよりも多く排出されるようになり、急激に濃度が上昇してしまった。そのため、大気圏外に逃げていた赤外線の一部までもが温室効果ガスに吸収されるようになり、結果として、地表の温度が上昇するようになったのである。

図表｜炭素循環の模式図（1990年代）

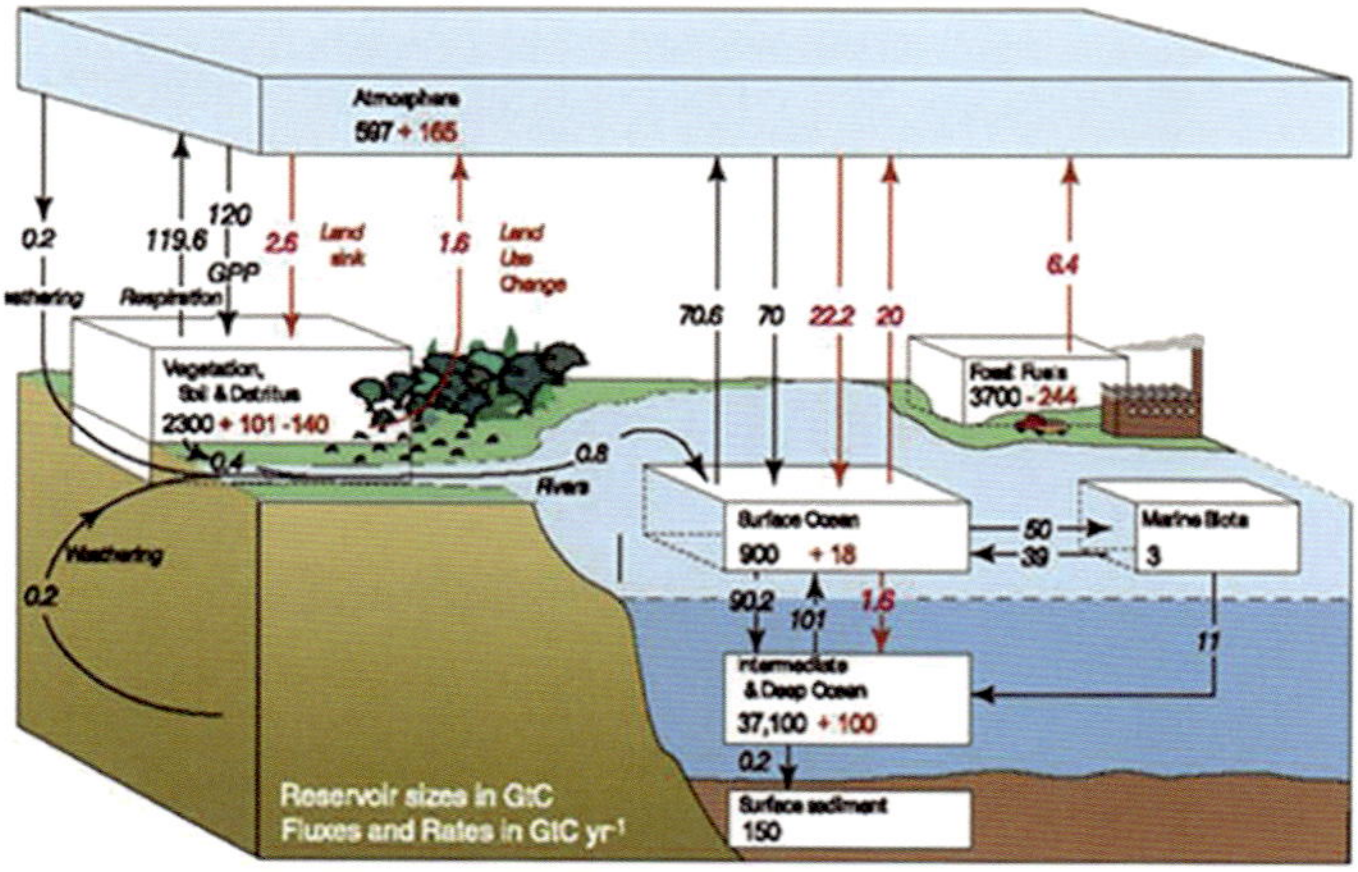

出典：気象庁HPより

ここで、温暖化のメカニズムを理解する助けとして、炭素循環について説明したい。

　地球上の炭素は、大気中にCO_2として存在しているだけでなく、様々なものに形を変えて存在している。例えば海水や湖沼に溶けていたり、森林や土壌に蓄えられていたりする。また、ダイヤモンドや石炭といった形で、岩石や堆積物の中に入っていたりもするのだ。

　そして、炭素は、大気や水、生物、岩石や土壌の間を、形を変えながら行ったり来たりしている。この循環を炭素循環という。炭素循環を通じて、炭素はCO_2として大気に放出されたり、逆に大気から除去されたりする。

出典：気象庁（https://www.data.jma.go.jp/gmd/kaiyou/shindan/sougou/html_vol2/1_4_vol2.html）

炭素は地球上で絶えず形を変えている

CO_2などの温室効果ガスの放出（発生）は、自然界で頻繁に起きている。

例えば、植物や動物の呼吸。高校時代に生物の授業で習ったと思われるが、グルコースなどの栄養分子を酸化させてCO_2と水（H_2O）に分解し、その過程で放出されるエネルギー（ＡＴＰ）は生命活動に利用される。

また、植物や動物の腐敗もそうだ。グルコースなどの有機物が、菌類やバクテリアなどによって分解され、炭素をCO_2やメタン（CH_4）に変える。山火事などでも、草木が燃焼することでCO_2が発生する。また、イメージが湧きにくいかもしれないが、石灰岩の浸食でも、炭酸カルシウムが分解されてCO_2が発生する。

これらの温室効果ガスの発生を、化学式に置き換えると次のようになる。いずれもCO_2やメタンが発生している。

生物の呼吸　$C_6H_{12}O_6+6O_2 \rightarrow 6CO_2+6H_2O$

生物の腐敗　$CxHyOz+mO_2 \rightarrow xCO_2$（酸素があれば$CO_2$が発生）

$CxHyOz \rightarrow xCH_4$（酸素がないのでメタンが発生）

山火事　$CxHyOz+mO_2 \rightarrow xCO_2$（二酸化炭素発生）

石灰岩の浸食　$CaCO_3+H_2O \rightarrow CO_2+Ca(OH)_2$

以上は自然界での温室効果ガスの発生である。この自然界での発生に加え、産業革命以降増えたのが、石炭、天然ガス（メタン）、石油といった化石燃料の燃焼による人為的なCO_2の発生だ。

それぞれ化学式で表すと、次のようになる。

石炭の燃焼　$C+O_2 \rightarrow CO_2$

天然ガスの燃焼　$CH_4+2O_2 \rightarrow CO_2+2H_2O$

図表｜地球上での炭素循環（化学式で）

CO_2やCH_4の発生	
自然界	
・生物の呼吸	$C_6H_{12}O_6$（グルコース）$+6O_2 \rightarrow 6CO_2+6H_2O$
・生物の腐敗	$CxHyOz$（有機物）$\rightarrow xCH_4$
	$CxHyOz$（有機物）$+mO_2 \rightarrow xCO_2$
・山火事	$CxHyOz$（有機物）$+mO_2 \rightarrow xCO_2$
・石灰岩の侵食	$CaCO_3+H_2O \rightarrow CO_2+Ca(OH)_2$
人為起源	
・化石燃料の燃焼	C（石炭）$+O_2 \rightarrow CO_2$
	CH_4（天然ガス）$+2O_2 \rightarrow CO_2+2H_2O$
	$CnHm$（石油）$+O_2 \rightarrow nCO_2+m/2H_2O$
CO_2の吸収	
自然界	
・植物による光合成	$6CO_2+6H_2O \rightarrow C_6H_{12}O_6+6O_2$ （光のエネルギーが必要）
・水中（海等）への吸収	$CO_2+H_2O \rightarrow H_2CO_3$

石油の燃焼　$CnHm+O_2 \rightarrow nCO_2+m/2H_2O$

　逆に、CO_2の吸収、つまり大気からの除去も、いくつかの経路で発生している。

　最もイメージしやすいのは光合成だ。CO_2から光エネルギーを利用して炭水化物を合成し、その過程で酸素を放出する。大気中からCO_2を除去し、同じ量の酸素を放出する。

　また、あまりなじみがないかもしれないが、海洋と大気の間でもCO_2がやり取りされており、大気中のCO_2が水の中へ吸収されているのだ。

　化学式に置き換えると次のようにな

る。

光合成　$6CO_2+6H_2O \rightarrow C_6H_{12}O_6+6O_2$

水中への吸収　$CO_2+H_2O \rightarrow H_2CO_3$

「奇跡の星」のキャパシティを超える炭素排出量

産業革命以降の人間活動の活発化により、化石燃料の燃焼など、人為的な炭素の発生が増えている。

世界の地球科学者らで構成する「グローバル・カーボン・プロジェクト」は、1850年以降の温室効果ガスの発生量と吸収量、大気への残存量を推計している。それによると、森林の伐採や耕地への転換などに起因する土地利用の変化による発生量はほぼ横ばいであるものの、化石燃料の利用による放出は年々増え続け、2000年にはCO_2換算で300億tを突破。ここ数年は約400億tで推移している。

ところが、地球という〝奇跡の星〟は実によくできていて、大気中の温室効果ガスが増えると、その分吸収量も増えるようになっている。気温が上がると、森林の光合成の働きが盛んになり、CO_2の吸収量が増加するからだ。海でも、海洋に溶け込む量が増えるほか、森林と同じように植物プランクトンの光合成の働き（いわゆる生物ポンプ）が高まり、吸収量が増える。

問題は、その奇跡の星のキャパシティすら超えてしまう量の炭素が排出されているということだ。「グローバル・カーボン・プロジェクト」によると、温室効果ガスの発生量と吸収量を差し引いた残存量は、近年は毎年２００億ｔ近くで推移している。

地球は巨大な浄化装置ということができる。多少の有害物質（ここでは温室効果ガスなど）が入り続けたとしても、天然の浄化装置（つまり森林や海洋など）に吸収され、人々は影響を受けず、健やかに生きることができる。この浄化装置のキャパシティの中で営まれている人間活動こそが「持続可能な開発」なのである。

ところが今や、奇跡の地球の浄化装置でも賄うことができないほど有害物質が放出され、地球に残存しているのである。

人工の浄化装置、しかも温室効果ガスを除去する装置を長年作っている会社としては、心が痛む地球の現状である。

CO_2以外にもある大気を汚すガス

CO_2以上の〝凶悪なガス〟とは

温室効果ガスといって多くの人が思いつくのはCO_2と察するが、実は地球上にはCO_2以外にも温室効果ガスが存在する。

当社は、半導体工場や液晶工場などから排出される有害なガスの無害化や温室効果ガスを破壊する装置を製造している。半導体などの製造過程では、CO_2よりもはるかに温暖化を進める力を持ったガスがどうしても出てしまう。その〝凶悪さ〟は、CO_2の何十倍、何百倍、ときには何万倍にも及ぶ。

これらの工場に装置を整備し、CO_2以上に温暖化を引き起こしてしまう物質を未然に破壊するのが当社の役割だ。パソコン、タブレット、スマートフォン、その他各種デバイスを製作しているプロセス装置を下支えしている付帯装置が除害装置だ。

当社が開発してきた除害装置については、技術を紹介する第3章「カーボンニュートラルに貢献するものづくり」で説明するとして、ここでは様々な温室効果ガスの性質や毒性などについて紹介したい。おそらく、聞いたことのある物質もあるはずだ。

大気中のメタン濃度は産業革命前に比べ1・5倍～2・5倍上昇

メタン（CH_4）はCO_2に次いで地球温暖化に関わりの深い温室効果ガスといわれている。天然ガスの主成分であり、地球内にも多く存在していること、CO_2以上に温暖化を進める効果を持っていることが、そのゆえんである。すべての温室効果ガスが地球温暖化に与える影響の23％分を担っているといわれており、メタンの放出量削減は地球温暖化を緩和するためにも極めて重要である。

その主な自然発生源は湿地であり、人為発生源は、水田、家畜（牛や羊などの反芻動物）、埋め立て、化石燃料の採掘や燃焼など、多岐にわたっている。ちまたで牛の曖気（げっぷ）が地球温暖化を加速させるといわれているのは、メタンを多く含んでいるためである。

人間生活においては、液化天然ガス（ＬＮＧ）による火力発電の燃料として使われたり、都市ガスとして使われたりする。本来は無色無臭であるが、ガス漏れに気付くことができるよう、都市ガスには臭いを付けて供給されている。

大気中のメタン濃度は、産業革命前に比べ1・5倍〜2倍以上も高くなったといわれている。地球の未来を考えるとき、避けて通ることはできない物質である。

地球温室効果の力を表すGWP

ちなみに、温室効果ガスがどれだけ温暖化を進める力があるかを表す物差しとして、地球温暖化係数（GWP）というものがある。CO_2を1とした場合の、温暖化に対する影響を表す係数のことである。このGWPの計算方法については、まだ世界的に統一されたものがなく、IPCCの報告書でも毎回係数が変わっていることに留意する必要がある。

メタンのGWPは、21とも24・5とも、28ともいわれている。いずれにしても、CO_2の20倍以上の温暖化を進める力があることには変わりない。

図表 | 温室効果ガスの地球温暖化効果

	ガス名	大気中の寿命	GWP（積算100年）
3ガス	CO_2	170	1
	CH_4	14.5	24.5
	N_2O	120	320
Perfluoro Compounds PFCガス	CF_4	50,000	5,700
	C_2F_6	10,000	11,900
	C_3F_8	2,600	7,000
	C_4F_8	3,200	10,000
	CHF_3	264	11,700
	SF_6	3,200	23,900
	NF_3	740	10,800

GWP：CO_2を１とした場合の、温暖化に対する影響を表す係数のこと

オゾン層を破壊するフロンガス（クロロ・フルオロ・カーボン、ＣＦＣ）

フロンは言うまでもなく、地球のオゾン層破壊の原因となっている物質である。

フロンという固有の物質があるのではなく、フッ素や炭素などでできた化合物の総称である。代表的なものが塩素、フッ素、炭素が結合したＣＦＣ（クロロ・フルオロ・カーボン）である。前記３つの原子に水素原子が結合したＨＣＦＣ（ハイドロ・クロロ・フルオロ・カーボン）や、次項で触れるＨＦＣ（ハイドロ・フルオロ・カーボ

ン、いわゆる代替フロン）などもフロンの仲間だが、一般的にフロンガスといえばCFCを指すことが多い。

フロンガスは、人間の手によって作られた化合物で、1960年代から大量に生産され、カーエアコン、ルームエアコンや、冷蔵庫、冷凍庫の冷媒（熱を運ぶ物質）に利用された。それ以外にも、精密部品の洗浄剤やスプレーの噴霧剤などの用途があった。

20世紀の初め頃、冷蔵庫の冷媒にはアンモニアが使われていたという。しかしアンモニアは独特の臭気があり、取り扱いが非常に難しい。そこでアンモニアに代わる物質として開発されたのがフロンガスであった。フロンは無臭、不燃で、化学的に安定した性質で扱いやすく、人体への毒性も小さいことから、一時は〝夢の物質〟として非常に重宝された。

一方、オゾン層は、地上20～30㎞の成層圏で地球の周りを取り巻いており、太陽光の中に含まれた有害な紫外線を吸収して、地球上の生物を守ってくれている。太陽光は、可視光線、赤外線、紫外線などで構成されているが、紫外線は強すぎると細胞を傷つけ、皮膚がんなどを引き起こす要因となる。オゾン層は、私たちの盾となってくれているといえる。

フロンガスは、大気中に放出されると、ゆっくりと上昇していく。成層圏まで到達するのに十数年以上かかるといわれているが、分解などされずそのままの形でたどり着いてしまう。化学的な安定という人間にとってのメリットが、皮肉にも地球にとってはデメリットなのである。

成層圏で強い紫外線を浴びるとフロンは分解され、塩素原子が発生する。この塩素原子がオゾン層を破壊するのである。一つの塩素原子で、なんと数万ものオゾン分子を分解するといわれている。

なお、特にオゾン層を破壊する能力が高いものを「特定フロン」と呼び、ＣＦＣ11、ＣＦＣ12、ＣＦＣ１１３、ＣＦＣ１１４、ＣＦＣ１１５がこれに当たる。

またフロンガスは、強力な温室効果ガスである。特定フロンであるＣＦＣ11の地球温暖化係数（ＧＷＰ）は４７５０、ＣＦＣ12だと、なんと1万０９００にもなる。

フロンは、１９８７年の「モントリオール議定書」以降、生産や消費が段階的に規制され、１９９２年には特定フロンの生産を1９９５年末までに全廃することが決議されている。オゾン層保護のための国際的な取り組みが進められて久しいが、過去に使われたフロンはいまだに大気中を浮遊している。オゾン層が元の状態に戻るには50年以上かかるともいわれている。

代替フロン

フロンガスの代わりに開発されたのが「代替フロン」といわれている物質である。代表的なものが水素、フッ素、炭素からなるHFC（ハイドロ・フルオロ・カーボン）で、冷蔵庫、冷凍庫の冷媒に利用されている。塩素原子を含まないことから、オゾン層を破壊する効果はない。

ところが、このHFCは強い温室効果を示すという致命的なデメリットがある。HFC‐23の地球温暖化係数（GWP）は1万4800で、メタンやフロン（CFC）をはるかに超える係数となっている。

このようなことから、2016年にモントリオール議定書が改定され、代替フロンについても生産量・消費量の削減義務が課されることとなり、日本では2019年から規制が始まっている。今後、高い温室効果を持つ代替フロンから、アンモニアやCO_2などの温室効果が小さい「グリーン冷媒」への転換が必要だといわれている。

オゾン破壊効果がないＰＦＣガス

また、代替フロンの仲間に分類されるガスの一種で、ＰＦＣ（パーフルオロカーボン）という物質がある。燃えにくく安定的な性状で、オゾン層破壊効果がないことから、半導体製造や液晶などの薄型ディスプレイのエッチング（食刻加工）、洗浄に用いられている。

代表的なＰＦＣガスとして、ＰＦＣ‐14（化学式CF_4）、ＰＦＣ‐１１６（C_2F_6）、ＰＦＣ‐２１８（C_3F_8）、ＰＦＣ‐c３１８（c‐C_4F_8）がある。半導体業界ではこの4種類に加え、京都議定書で温室効果物質と指定されたCHF_3、SF_6、NF_3の３種類を加えた7種類をＰＦＣガスと呼んでいる。

これらのＰＦＣガスのＧＷＰは次の通りである。

CF_4…５７００

C_2F_6…1万1900
C_3F_8…7000
$c\text{-}C_4F_8$…1万
CHF_3…1万1700
SF_6…2万3900
NF_3…1万0800

いずれも高い温室効果を持っていることがおわかりいただけると思う。

さらにやっかいなのは、大気中の寿命が長いことである。CO_2が170年、CH_4が15年程度なのに対し、CHF_3は264年、C_2F_6でおよそ1万年。PFCの中で最もメジャーな存在であるCF_4に至っては5万年の寿命を有している。

我が国では、業界団体である一般社団法人電子情報技術産業協会（JEITA、ジェイタ）が排出量についての自主目標を設定してPFCの削減に尽力。各半導体メーカーが厳しい環境基準を策定したり、有害なガスを無害化する装置の設置を強力に進めたりしている（詳しくは本章最後で紹介する）。

地球のために、温室効果ガスの除害装置メーカーである当社も半導体業界と歩調を合わせ、企業ニーズを汲み上げながら、末永く貢献していきたいと考えている。

地球の大気は誰のものか？

人類にとって空気だけは平等

地球を取り巻く環境汚染には、様々な形態がある。大気汚染のほか、海洋や河川にごみや有害物質が流出することで起こる水質汚染、植物の成長に深刻な影響を及ぼす土壌汚染、そして人間活動での公害の最たるものとして、様々な面で深刻な影響が残る放射能汚染などである。今話題の「マイクロプラスチック」の問題は、海の生態系に悪影響を及ぼす海洋汚染の一種だ。また、人間が飲み水などに利活用する地下水の汚染は、水質汚染と土壌汚染の双方の性質を併せ持っている。

地どの環境問題も深刻で、同時並行で手を打っていかなければいけない。中でも、地球温暖化や大気汚染などは人間にとっていちばん深刻な問題で、真っ先に優先して手を打たなければならないと考えている。

大きな理由の一つは、空気は人類一人一人に平等に与えられているからだ。

例えば水の場合、物質として目に見えることもあり、その気になれば独占することができる。故事成語に「我田引水」という言葉があるように、古来自分の都合のよいように水を導くことは頻繁にあった。水自体、富や繁栄のバロメーターであったと言うこともできよう。

言うまでもなく土地にしてもそうで、今でも持つ者と持たざる者がはっきりと分かれている。

空気は、富のある者や力の強い者が独り占めすることができない。どんなに貧しくとも、弱くとも、地球上では高山や深海、砂漠などに行かない限り、一人一人平等に与えられる。

その一方で、水にありがたさを感じることがあっても、空気については平等に存在するあまり、ありがたさを感じることはあまりない。平等に存在するゆえに、空気をきれいにする仕事は地球に住むすべての人たちの役に立っているということに繋がる。

その点で、温室効果ガスを破壊する装置を作る仕事に、私は強いプライドを持って取り組んでおり、社員に対してもプライドを持つように言い続けている。

広い地球の小さな大気

平等に存在する分、無尽蔵にありそうな大気だが、私たちが思っているほど多くは存在していないことを念頭に置かなくてはいけない。そのために、「広い地球の小さな大気」という話をしてみたい。

私たちが海外、特にアメリカやヨーロッパに行く際、長い時間のフライトを強いられる。例えば東京―ニューヨーク間は最も近い大気圏コースで1万０８００㎞余り、直行便の行きでおよそ13時間、帰りは気流の都合で14時間ほどかかる。

ロンドンまでだと９５００㎞ほどで、航空機でも12時間以上かかる。アフリカや南米であれば、さらに距離は長くなる。

さらにいえば、地球の円周は約４万㎞あり、一周しようと思えば航空機でも1日では無理だ。２００５年にアメリカ人が達成したジェット機による単独無着陸・無給油世界一周では、67時間かかっている。徒歩だと、1日6～7㎞（約1万歩）歩く計算として、およそ5000日かかる。

水平方向だとどこまでも広がっていく地球。ところが今度は上へ進んでいくとどうなるか、イメージしてほしい。高度2㎞から3㎞もすれば酸素が薄くなり、人間が生活しづらい環境となっていく。8㎞ほどだとエベレストと同じ高さになるが、そこで人間が定住するのは不可能だ。

近年、民間人の宇宙旅行が話題となっている。かなり遠くに行ったという印象を抱きがちだが、距離にしてみればせいぜい100㎞。東京からであれば栃木県宇都宮市までの距離、大阪を起点とした場合は兵庫県姫路市から少し先に行った程度にすぎない。

「地球は広い」というイメージを抱きがちだと思うが、実は上下はわずか数キロの間で私たちは生活しているのである。

そんな上下が狭く、薄い大気の中で暮らしているのである。ちょっと人間活動が盛んになれば、すぐに汚れてしまうことが想像できるだろう。その汚れが浄化されずに残存すれば、さらに汚染に拍車がかかることとなる。

それだけに、空気をきれいに保つためにはどうすればよいかを、一人一人が常に考えなければならない。

温暖化による地球への深刻な影響

平均気温の変化

再び話を地球温暖化に戻したい。

温暖化は、地球に様々な影響をもたらしている。最も顕著なのは、平均気温の変化である。

世界の平均気温は上昇傾向にある。ＩＰＣＣ第６次評価報告書によると、世界の平均気温は１８５０年から２０２０年の間に１・９℃上昇したとしている。

日本においても同じだ。気象庁の観測によると、１８９８（明治31）年以降、１００年間当たりおよそ１・２℃の割合で上昇している。近畿地方はさらに顕著で、大阪、京都など9地点の気象観測データを分析したところ、50年間当たりおよそ1・1℃上昇していることがわかった。

気温の上昇は様々な周期の変動があり、また地点により上昇の度合いが違うが、日本全体、そして近畿の平均気温の上昇は、世界平均よりも速いペースで進んでいる。

さらに、1日の最高気温が35℃以上の「猛暑日」、1日の最低気温が25℃以上の「熱帯夜」の日数も増加している。

1975年以降の観測結果を見ると、近畿地方の気象観測7地点平均の年間猛暑日は、10年間当たり2・5日の割合で増加。1978年に猛暑日を14日も観測したり、逆に2009年や2014年は1桁だったりと、年によって多寡が激しく変動しているが、最多は2010年の24日だった。

同様に熱帯夜も10年間当たり4・3日のペースで増加している。こちらは1994年以降で1桁だった年はなく、猛暑日同様2010年が最多だった。

これとは逆に、1日の平均気温が0℃未満である「冬日」の日数は減少傾向。10年間でマイナス5・1日という減少率となっている。

私が大学を卒業し、工業炉メーカーで滅菌装置の仕事に携わり始めた１９６０年代、エアコンというものは高級ホテルなどを除いて設置されておらず、涼を取るといえばもっぱら扇風機だった。夕方になると、各家庭が道路や庭先に打ち水をして、気化熱を利用して涼気を取っていた。かつての日本の夏は、扇風機や打ち水で、十分しのげていた。

エアコンを家庭で見るようになったのは、１９７０年の日本万国博覧会（大阪万博）あたりからではないだろうか。それから50年――エアコンなしではしのぐことができない夏となった。

都市の気温が周囲よりも高くなる「ヒートアイランド」現象も加速している。思うに、エアコンを使えば室内は涼しくなるが、その分熱を室外に放出しているだけなので、町全体で考えたらプラスマイナスゼロでちっとも涼しくなっていないことになる。ともかく、毎年のように「危険な暑さ」に見舞われ、そのためにエアコンで命を守る時代となってしまったのである。

雨の降り方にも変化が

温暖化により、雨が増えたといわれることがよくある。世界の降水量を見ると、1951年以降では、北半球の中緯度における陸地で降水量が増加している傾向にあり、北アメリカとヨーロッパで強い雨の頻度が増える傾向にあるという。逆に、西アフリカやオーストラリアの南東部では降水量が減少する傾向にある。

ただ、日本全域で降水量が増えているかというとそうとは限らない。例えば大阪の気象庁の観測データによると、観測開始からこれまで、年間降水量に大きな変化は見られない。例えば1883年から1900年を見ると、雨の多い年で年間1700〜1600㎜台を観測する一方、1891年、1949年は年間900㎜台にとどまっている。

この傾向は2000年代以降も変わらず、おおむね900㎜台から1600㎜台の範囲に収まっている。2021年は2014㎜と突出して多いが、この年だけで降水量が増加傾向であると判断することはできない。

顕著なのは、激しい雨の発生回数が増えていることである。

一般に「短時間の大雨」と呼ばれる時間降水量50㎜以上の年間発生回数を見ると、全国で10年当たり27・5回増えているというデータが出ている。統計を取り始めた最初の10年間（１９７６～１９８５年）の平均発生回数は２２６回だったのに対し、２０１２～２０２１年の10年間は３２７回と、約１・４倍に増加している。

近畿地方では、10年間当たり２・７回増えているというデータが出ている。１９８０～２０００年で30回を超えたのは１９８８年の１年だけであるが、２０００年以降は５回（２００４年、２０１１年、２０１４年、２０１７年、２０１８年）に増えている。

ただし、大雨自体が気象的に稀な現象であるため、狭い範囲では変化傾向が確認できないことがあり、例えば中国地方、四国地方では50㎜以上の大雨の発生回数が増えている傾向は確認できない。

また、降雨が観測されなかった「無降水日」の年間発生日数では、近畿地方で50年間当たり３・２日の増加率。大雨が増える一方、雨が降らない日も増えており、雨の降り方が極端になっていることが確認できる。

これらの気温や降水量の変化が、本当に化石燃料の燃焼などの人間活動によって引き起こされているかについてははっきりわかっていない。すべてが温暖化によって引き起こされているという証拠は十分ではない。

それでも、２０１３〜２０１４年に公表されたＩＰＣＣの第5次評価報告書では、「温暖化には疑う余地がない」「20世紀半ば以降の温暖化の主な要因は、人間の影響の可能性が極めて高い」との評価がなされている。

２００７年に出された第４次評価報告書では「可能性が非常に高い」と報告されており、第5次評価報告書では一歩踏み込んだ表現となっている。ＩＰＣＣによると、「非常に高い（英語ではVery Likely)」は確率でいうと90％、「極めて高い(Extremely Likely)」は95％であるという。ちなみに、この上に「ほぼ確実(Virtually Certain、99％以上)」という表現がある。将来の報告書には「Virtually Certain」という文言が刻まれるかもしれない。

海面上昇の要因

海面上昇については、地球温暖化により加速するという説と、温暖化は関係ないとする考えがあり、因果関係についてははっきりとはわかっていない。

ただ上昇していることは事実である。１９０１～２０１０年の１１０年間で、世界の海面水位は1年当たり平均で１・７㎜上がった。上昇幅は、直近になるにつれて大きくなっているといわれている。

よく地球温暖化についての記事などで、割れた氷の上に取り残されたホッキョクグマの写真や挿絵が掲載されているが、気候変動に伴う海面上昇の主な要因は、氷が溶けることではなく、海水の熱膨張である。

水は４℃のときにいちばん質量が大きく、温度が上がるにつれて体積が大きくなっていく。温暖化に伴い、海水の体積が大きくなり、その分海面水位が上昇するという理屈である。

もちろん、陸地の氷が溶けることも影響している。気温の上昇により、氷河やグリーンランドの氷床、南極大陸の氷床が海に流れ込んだ時点で海面は上昇する。

ちなみに、北極の氷は溶けても海面はほとんど上昇しない。北極の氷はほとんどが海に浮いている氷であり、「氷山の一角」という言葉の通りほとんどは海面の下に隠れている。この氷が溶けたとしても、体積が収縮して海面下の部分に収まるからである。コップに満たした氷水で、中の氷が溶けても、水は溢れないのと同じである。

地球は有史以前から激しい海面上昇を繰り返してきた。約12万年前の地球は現在とほぼ同じ海面水位であった。その後、地球は寒冷化し、約2万年前は現在よりも実に130mも低くなった。その後、地球は再び温暖となり、現在に至っている。

現在のように温室効果ガスを排出し続けた場合、21世紀末には、世界の平均海面水位が45㎝~82㎝高くなる可能性が高いと予測されている。また、21世紀末に温室効果ガスの排出をほぼゼロにした場合でも、26㎝~55㎝上昇する可能性が高いとされている。

ただ、温暖化の結果、内陸部における降雪が増加し、海面上昇が緩和されるという説もある。いずれにしても、海面上昇と温暖化については、不明な点が多い。

生活への影響

平均気温や雨の降り方が変化することで、食料や生態系、自然災害など人間の生活に対する影響も出てくる。

食料については、高温などによりコメ粒の内部が白く濁る現象や、ブドウなどの着色不良など、品質低下の悪影響がすでに出ている。また、夏の高温により、乳用牛の乳量、乳成分の低下、死亡などが報告されているほか、豚やブロイラーの肉質低下、死亡が報告されている。厳しい暑さにより、家畜たちもバテてしまっている様子がうかがえる。

将来的には、穀物収量の低下、コメなどのさらなる品質低下、果樹の栽培適地の変化などが起こるといわれている。リンゴは、現在の主要産地である甲信越や東北地方が栽培適地でなくなり、北海道に適地が広がるといわれている。

生態系では、ソメイヨシノの開花日が早くなることや、サンゴの白化などが影響の代表的なものである。

熱帯のハエなどが温帯に進出することにより、伝染病が増える恐れもあるという。

例えば、デング熱などを媒介するヒトスジシマカは、年平均気温11℃以上の地域に分布しているが、温暖化の進行により、分布域が広がることが懸念されている。

災害では、激しい雨が増えることにより、洪水、内水氾濫、土砂災害の頻発化、激甚化が懸念されている。特に国土が山がちで、急斜面や急流が多い日本では特に崖崩れや土石流、地滑りなどの土砂災害が心配されている。

また、毎年8月には天気予報で「災害級の暑さ」との言葉を耳にするようになったが、熱中症など直接的な暑さの影響により死亡するケースも深刻である。世界的にはアジアを中心に今後さらに増えると予測されている。

温暖化を防ぐためにできること

対策は「適応」と「緩和」の2本立て

温暖化の進展により、地球環境のバランスが崩れつつある。いつまでも人類が快適に生活できる環境を保つためには、人間活動の最たるものである産業界が様々な対策を講じなければいけない。そのためには、「適応（adaptation）」と「緩和（mitigation）」の両面で進めていく必要がある。

適応策とは、すでに起こっている影響、または今後起こりうる影響に対して、自然や人間社会の在り方を調整し、被害を最小限に食い止めるための取り組みである。例として、高温でも育つ農産物の品種改良、災害に備えた砂防ダムや防潮堤などの建設や気象予報システムの開発、感染症や熱中症の予防対策などが該当する。

一方で緩和策は、温室効果ガスの排出を抑制し、温暖化の原因となるものを少なくする取り組みで、再生可能エネルギーの導入、エコカーの開発、電化などが挙げられる。身近に始めることができるものには、自動車のアイドリングストップ、冷暖房の適切な温度管理、節電、節水、植林などがある。

今のところ、産業界の主な取り組みは緩和策だが、適応策をビジネス機会として捉え、他者の適応を促進する製品やサービスを展開している事例もある。

例えば、当社と同じ京都府に拠点を置く宝酒造は、愛媛県宇和島市のミカン農家と契約。温暖化で新たに栽培ができるようになったイタリア産オレンジを活用し、耐ハイの新商品の開発に取り組んでいる。この産地では、主力の温州ミカンの高品質栽培が年々難しくなっており、外国の温暖な地域で栽培されている柑橘類の栽培を模索しているという。

また、岡山県の建設会社は、西日本を中心に高級魚として珍重されている「キジハタ」の資源保護に乗り出している。キジハタは「アコウ」とも呼ばれ、刺し身でも煮付けでもおいしい魚だ。市場価値が高いことから、岡山県など瀬戸内海沿岸では稚魚の放流などで資源が保護されている。このキジハタなどのハタ類は元々暖水を好み、分布域を広げていることに着目した。

この他にも、農産物を高温障害から守る遮熱資材、浸水や水没に強い住宅など、「適応ビジネス」に関する様々な商品やシステムが開発されている。

産業界が取り組むべきこととは

次に、産業界の取り組みの主流となっている地球温暖化の緩和策、ひいてはカーボンニュートラルに向けた取り組みについて、電力部門（エネルギー転換部門）と非電力部門（産業、運輸）それぞれについて考えていきたい。

まず、発電などのエネルギー転換部門で柱となるのは、太陽光発電や風力発電などの再生可能エネルギーへの転換である。

２０２1年に政府が定めた「エネルギー基本計画」では、再生可能エネルギーによる発電の比率を、２０３０年度には２０１９年度の倍程度に引き上げる目標を立てている。脱炭素社会に向けた野心的取り組みであるといわれている。

２０１９年度の電源構成（エネルギーの種類ごとの発電の割合）は、化石燃料が76％を占めている。内訳はＬＮＧ（液化天然ガス）が最も多く37％、次いで石炭32％、石油などが７％の順。再生可能エネルギーは18％で、内訳は水力７・８％、太陽光６・７％、バイオマス２・６％で、風力と地熱は1％未満。このほか、原子力が６％を占めている。

目標では、化石燃料を41％、再生可能エネルギーを36～38％、原子力を20～22％にする計画。再生可能エネルギーの内訳は、太陽光14～16％、水力11％、風力５％など。また、現状大きく実用化されていない水素発電・アンモニア発電も1%をめざすこととしている。

太陽光発電と風力発電で大きな目標が課せられており、この二つをいかに拡大させていくかが鍵となりそうだ。太陽光発電は実績が豊富で、比較的早く導入できることが魅力だが、買い取り価格が低下したり、大規模なメガソーラーの立地の確保が年々難しくなったりなど課題は多い。

風力発電は、欧州で洋上風力発電が普及し、発電コストも急速に低下しているが、日本は2019年で0・7%と出遅れており、発電コストも高止まりしている。ただ、排他的経済水域が広いだけに、各地で洋上風力発電施設の建設が進んでいる。

水素発電、アンモニア発電なども研究が進んでおり、特にアンモニア発電は日本が世界をリードしている。いずれもコストの高さが目下の課題だ。さらに発電燃料となるアンモニアは、安定的な供給網の構築と、現在主流となっている化石燃料を使う方法に代わる製造法の確立が求められる。

ちなみに、カンケンテクノの温室効果ガスの除害装置については、当初より電気式にこだわっている。再生可能エネルギーが普及し、クリーンな電気だけで温室効果ガスを無害化すれば「究極のゼロカーボン」を実現できることになる。

産業の「電化」が脱炭素社会実現の鍵

非電力部門で脱炭素社会実現の鍵を握るのは、産業の電化である。再生可能エネルギーの拡大が電力供給サイドの低炭素化であるのに対し、こちらは需要サイドでの低炭素化である。

産業の電化とは、経済活動に必要なエネルギー源を化石燃料からエネルギー効率の良い電力に置き換えることである。例えば、自動車をガソリン車から電気自動車に替えたり、給湯・空調設備をボイラーから電気式に切り替えたりすることがわかりやすい例だ。もちろん、電源構成に占める再生可能エネルギーの割合が高いほど、電化によるCO_2削減効果は大きくなる。

非電力分野では、高熱利用や燃料利用など脱炭素化が技術的に難しかったり、高コストになったりする場合もあり、電力部門と比較すると、比較的脱炭素化が難しいといわれている。それでも、多少コストがかかっても、排出原単位（一定量の生産物をつくる過程で排出するCO_2排出量）のより小さい電化された装置を使うことで、地球環境に貢献することができるのである。

温室効果ガスの分解装置についても、電化によってCO_2を削減することができる。

通常、半導体工場などから出るＰＦＣなどの有害なガスは、一般的にガスの燃焼で分解する方法が取られる。このガス燃焼式だと、化石燃料を大量に燃やす必要があるため、せっかくＰＦＣガスを処理しても新たにCO_2とＮＯ$_X$が出てしまう。

当社では、１９７８年の創業以来、温暖化ガスの発生が少ない電気式を採用している。電気式のヒーターやプラズマ（原子や分子が電離して激しく動き回っている状態）により高温を発生させ、ＰＦＣガスを分解する方法を取っている。ガス燃焼式に比べ、CO_2の排出量が圧倒的に少なくなる。

デメリットは、ガス燃焼式と比べ多少コストがかかってしまう点だ。それでも、環境意識の高まりを受け、多くのデバイスメーカーに当社の電気式装置を選んでいただいている。最近では、ＰＦＣガスの処理とは無縁とされてきた電子部品メーカーなどからも引き合いがある。

そのおかげもあって、国内向けのガス処理装置事業では2023年度に48%のシェア(「PROトロン」株式会社ガスレビュー:発行)を獲得。国内業界のトップを走っている。世界シェアでも、販売台数ベースで21%を占めることとなり、「グローバルニッチ企業」と呼んでいただくことも多くなった。

これからも、無害化装置で温室効果ガスを削減するだけでなく、無害化装置そのもののからのCO_2排出量削減をめざし、温暖化防止に貢献していきたい。

カーボンニュートラルの国際的潮流とカンケンテクノの役割

脱炭素社会に向け更新されるモントリオール議定書

人間活動によって地球環境がむしばまれていく中、世界では温暖化防止やオゾン層の保護に向けた様々な取り組みが波状的に進められている。カンケンテクノも、カーボンニュートラルに向けた国際的潮流に乗るべく、半導体メーカーをはじめとした取引先の要望に応じながら技術力を磨いてきた。

1987年、オゾン層保護のための取り組みとして採択されたのが「モントリオール議定書」である。カナダのモントリオールで署名されたことからその名が付いている。

この議定書では、フロンガスの種類ごとに削減スケジュールを定め、オゾン層破壊物質の生産・消費を段階的に規制していくようにしている。例えばクロロ・フルオロ・カーボン（CFC）は1993年から生産・消費を漸減させ、1996年には全廃された。

ただ、CFCなどの全廃により、オゾン層破壊効果がないものの、高い温室効果を持つハイドロ・フルオロ・カーボン（HFC）が広く使われるようになった。HFCがCO_2の1万倍以上の温暖化を加速させる効果があるのは前に触れた通りである。

そこで、2016年にモントリオール議定書の削減対象にHFCを追加する改正がアフリカ・ルワンダで採択された（キガリ改正）。30年以上前に採択されたモントリオール議定書だが、脱炭素社会に向け、アップデートされているのだ。

モントリオール議定書を受け、日本ではオゾン層保護法、フロン排出抑制法などの各種法令が整備され、ＣＦＣ、ＨＦＣなどの製造、輸入規制が講じられているほか、空調機器を廃棄する際のフロン回収義務などを定めている。

なお、半導体工場などから出るＰＦＣガスはモントリオール議定書の削減対象外となっており、各メーカーが装置を導入して、自主的な無害化が推進されている。

余談ではあるが、20代、30代の若者たちは、フロンガスというもの自体あまりなじみがないと察する。それは、モントリオール議定書の高い実効性により強力にフロンガスの撲滅が進められたからである。この議定書はしばしば「世界で最も成功している環境条約」といわれている。

この議定書の大きな特徴として、▽先進国だけでなく、途上国も含めたフロンガス規制を実施していること▽途上国が規制の実施に対応できるよう、先進国が基金をつくって支援する仕組みがあること▽オゾン層破壊防止だけでなく、温暖化防止にも資していること――が挙げられる。国情にかかわらず、世界が一枚岩で取り組めるようにしている仕組みは、後のパリ協定にも引き継がれている。

環境配慮の機運が高まった京都議定書

1997年、京都で気候変動枠組条約第3回締約国会議（COP3）が開催された。この会議で採択された温室効果ガスの排出規制に関する合意文書が有名な「京都議定書」である。

京都議定書では、先進国の温室効果ガス削減について、各国ごとに法的拘束力のある削減義務を課している。すなわち、基準年である1990年に比べ先進国全体で5%削減することをめざし、日本は6%、米国は7%、EUは8%の削減目標を設定した。

対象となる温室効果ガスは、CO_2のほか、メタン（CH_4）、一酸化二窒素（N_2O）、HFC、PFC、六フッ化硫黄（SF_6）で、モントリオール議定書の対象外だったPFCガスも削減対象に入っている。

議定書の発効条件として、55カ国以上が批准し、さらに批准した先進国のCO_2排出量の合計が全先進国排出量の55％以上となる必要があった。しかし、世界最大のCO_2排出国である米国・ブッシュ政権が、先進国のみに排出削減義務があることは不公平だとして、議定書に批准しないと宣言。議定書の存続は危機的状況となった。その後、大量排出国であるロシアが批准し、２００５年に何とか発効される運びとなった。

地元・京都で開かれた国際会議だけに、私も注意深く見守っていた。アメリカの脱退など紆余曲折はあったが、京都議定書を機に半導体業界は地球環境の保護に対する機運が高まったと感じた。

１９８０年代、日本の半導体生産は米国を凌駕し、世界一を誇っていた、その後、１９８６年の日米半導体協定による規制や、バブルの崩壊などにより、21世紀初頭にはかつての勢いを失いかけていた。

それでも、当時の半導体メーカーにはまだ世界のリーダーとしての気概が残っていた気がする。その気概が自分たちを律し、多少費用をかけてでも環境に配慮しなければいけないという雰囲気をつくり上げたのではないだろうか。

京都議定書が発効した当時、半導体メーカーから「カンケンテクノさんは弊社の環境基準を満たす装置を作る気がありますか」という激励の言葉で覚悟を問われた。その言葉を原動力に技術を向上させ、電気やプラズマを活用してガスを無害化する装置を次々と送り出していった。

当社の事業活動も、京都議定書の発効により国際的認知度が高まることとなったと感じている。

業界での自主規制

カーボンニュートラルに向け、日本の半導体業界や液晶ディスプレイ業界でも、様々な自主規制が展開されてきた。

一般社団法人電子情報技術産業協会（ＪＥＩＴＡ、ジェイタ）では、ＰＦＣガスの排出量についての自主目標を設定し、削減に取り組んでいる。特に、ＰＦＣを分解し、無害化する除害装置の設置を強力に進めてきた。

液晶ディスプレイ業界で見ると除害装置の設置率は、１９９５年には20％未満だったのが右肩上がりに上昇を続け、２００９年には装置の設置率が99％にも上っている。

この取り組みが奏功し、ＰＦＣの排出量は２０００年をピークに減少に転じている。業界として取り組みを進めたことで、ＰＦＣガスの目に見える削減を達成したのである。

また、ＪＥＩＴＡは、他分野の電気、電子業界と連携し、自主行動計画を共有して地球温暖化防止に努めている。機械や情報通信など、業界の垣根を越えることで、より強力に脱炭素社会に向かって進んでいる。

各企業も、自らに厳しい環境基準を課している。

東芝グループを源流に持ち、国内の半導体売上トップのキオクシアでは、気候変動への取り組みを「経営の最重要課題の一つ」と位置づけ、２０４０年度までに電力使用における再生可能エネルギーの比率を１００％とする長期目標を策定した。

ＰＦＣガスの除害装置も積極的に導入。２０１１年以降は、ＰＦＣガスが発生するすべての生産設備に除害装置を設置している。２０２０年には、当社の製品を含む数千台に及ぶ数多くの除害装置を導入、ＰＦＣの排出量を、２０１３年度の63・９％に抑えることに成功した。２０１７年度以降の除害効果をCO_2削減量に換算すると、累計で３０５万ｔにも上る。

ソニーは、言わずと知れた日本を代表する総合電子機器メーカーであるが、１９９０年代初頭から環境活動方針と行動計画を立てるなど、早くから地球環境を意識した取り組みを進めている。２００８年度には、欧州事業所の電力を１００％再生可能エネルギーにすることに成功。２０１０年には、２０５０年に環境負荷をゼロにすることをめざす環境計画「Road to Zero（ロード・トゥ・ゼロ）」を策定した。

事業所の温室効果ガス総排出量は、２０２０年度１１０万ｔで、２０１５年度と比べ約32％の削減を達成。ＰＦＣガスに関しては、半導体デバイスの増産を受けて微増となっているものの、除害装置の導入による排出削減施策を継続的に行う考えだ。

産業を見回すと、実際のところ半導体業界よりもCO_2を排出している業界は少なからずある。それでも、各企業は「半導体は先端企業」である矜持を持ち、率先して脱炭素化に取り組んでいるのである。

カンケンテクノは、これらのメーカーの厳しい規制に適応できる装置をこれからも開発していく所存だ。

地球環境を顧みない企業に未来はない

京都議定書では、法的拘束力のある目標を定めた点で画期的ではあったが、先進国のみが対象だったため、米国の離反などの課題も見られた。

それから20年近く経過した今、中国、インドの経済成長もあり、発展途上国グループの温室効果ガス排出量は当時よりも増えている。その点で本章冒頭にて説明したパリ協定は、すべての国が一致して地球温暖化や気候変動に立ち向かう姿勢を示した点で、歴史上非常に画期的な合意となった。

パリ協定が締結された２０１５年には、もう一つの地球環境に関する重大な目標が国連で採択されている。国連の持続可能な開発目標（ＳＤＧｓ）である。

ＳＤＧｓは、人類が地球上で暮らし続けていくために定めた、２０３０年までに達成するべき目標である。環境保全や貧困撲滅、経済、保健など17の目標（ゴール）と１６９の達成基準（ターゲット）が盛り込まれている。

温暖化に関しては、ゴール13「気候変動に具体的な対策を」が該当。ターゲットとして、▽気候関連災害や自然災害に対する強靭《きょうじん》性、適応能力の強化▽国別の気候変動対策▽気候変動に関する教育、啓発――などが設定されている。

温暖化以外にも、ゴール7「エネルギーをみんなに そしてクリーンに」、ゴール8「働きがいも 成長も」、ゴール9「産業と技術革新の基盤をつくろう」など、企業活動のあるべき姿を直接的に表現した目標がある。

古い人間にとっては新しい取り組みに見えるが、生まれた時から環境問題の意識が高い若い人たちの間には、SDGsの考えがかなり浸透しているのではないか。高度経済成長期やバブル期のようになりふり構わず高収入・高収益を追求していくよりも、世間に評価される行動を重視しているように思えるのだ。

今の若者が社会の中枢を担うようになるそう遠くない未来、地球環境を顧みない企業は捨てられる運命にあるのではないだろうか。

社会の環境意識が高まるにつれ、カンケンテクノの社員も誇りを持って仕事を行えるようになった、と私の目には映る。プライドに溢れた仕事は業績にも反映されており、2023年度3月期の売上高は約250億円を達成し、前年度から20%アップさせることができた。

カンケンテクノの役割は、ますます大きくなっていくと肌で感じている。カーボンニュートラルに貢献する仕事に従事できた幸せをかみしめながら、今後も環境面で社会のお役に立ちたいと考えている。

第2章

環境分野のグローバルニッチへの道程

―― カンケンテクノの歩み

ガスの無害化事業の萌芽

グローバルニッチ企業までの道のり

カンケンテクノの会議室。ここに、梶山弘志経済産業大臣（当時）名の表彰状が掲げられている。２０２０年の「グローバルニッチトップ企業１００選」に認定された時のものだ。

世界市場のニッチ分野で勝ち抜いている企業や、サプライチェーン上の重要性が増している部素材などの事業を行っている企業などを経済産業省が全国から公募。機械・加工部門61社、素材・化学部門24社、電気・電子部門20社、消費財・その他部門8社の１１３社が「グローバルニッチトップ企業１００選」に選ばれた。

当社は、CO_2排出を極限まで低減した電気式の排ガス除害装置を開発してきたことが評価された。「世界中の温暖化ガス削減の要望に応えるものとして国内外で高く評価され、その結果グローバルに製品の拡販をすることができた」との評価をいただくことができた。

カンケンテクノは1978年の創業以来、40年以上にわたり産業界で排出されるガスを無害化する装置を作り続けてきた。当初は大型の装置が主流だったが、半導体製造装置個々の排ガスを処理する「小型排ガス処理システム」に着目し、製品化した。そして無害化の方法については、温暖化ガスの発生が少ない「電気式」を採用した。

このことが、グローバルニッチ企業として発展する地歩となった。国内ではトップシェアを走り、世界でも20％を占めるまでに至った。

高度経済成長期は、松下電子工業など、日本の半導体産業の成長と歩調を合わせるようにしてカンケンテクノも成長していった。また、中国や東南アジアで経済発展に伴い半導体生産が盛んになったのに合わせ、台湾、中国、韓国などのアジア市場に進出。さらに近年、米国にも進出し、太平洋をまたぐグローバルビジネスを繰り広げようとしている。

私の個人的な話をすれば、空気をきれいにする装置との出会いは、大学卒業後に新卒で入社した企業である。工業化が進み、公害が社会問題化していた日本、とりわけ大阪の濁った空の下で、装置を開発し、売り込む日々であった。

本章では、大気汚染の規制が始まった高度経済成長期、日の丸半導体の黄金時代、環境問題が高まった21世紀以降など、折々の時代の要請に応じ続けてきた私とカンケンテクノの歩みを振り返り、グローバルニッチ企業と呼ばれるまでに至った道のりを紹介したい。

天体に興味を持った中学時代

私が生まれ育ったのは、山口県山口市。山陽路随一の温泉街である湯田温泉のすぐそばで育った。

湯田温泉は、長門湯本温泉、俵山温泉、川棚温泉とともに、山口県を代表する「防長四湯」に数えられる温泉だ。幕末には尊皇攘夷派の藩士や公家が逗留し、明治期には「山羊の歌」「在りし日の歌」で知られる夭折の詩人・中原中也の出身地としても有名だ。

山口市は県庁所在地であるが、山あいの盆地に開けた静かな雰囲気の町。人口は下関市より少なく、産業も重化学工業で栄えた徳山市（現・周南市）や宇部市ほど発展していなかった。２００５年に隣の小郡町と合併するまで、新幹線のルートからも外れていた。

それでも、県庁所在地ではあるので、昔から行政施設をはじめ、博物館や図書館、美術館などの教育施設はひと通りそろっていた。

そんな町で私が興味を持ったのが、天体であった。中学の頃、市内にあった県立山口博物館に足繁く通い、専門家から天体のことについてしばしば話を聞いた。中学生の分際でいろいろと質問するものだから、専門家も大変いぶかしがったようである。

地球儀もよく眺めていた。北半球の真ん中あたりに日本が小さくあり、南北アメリカ大陸まで太平洋が広がっている。日本が何だか小さく見え、世界の広さを視覚で感じることができた。

その他に博物館で興味を持ったのが、地球と月の模型だった。丸い地球儀があり、そのそばに月を模した小さな球体がある。地球が自転し、その周囲を月が公転する様子が視覚的にわかる模型だった。

この時に感じたのが、地球は水平には広いが、大気は薄いということである。地球儀で見ると、空気の層は1㎜にも満たない薄さである。この原体験が、空気をきれいにする機械を開発する道に進むきっかけの一つであった。

高校は県立山口高等学校に進学。首相を務めた岸信介、佐藤栄作の母校である。天体以外にも、機械いじりが好きで、得意科目は物理や化学。典型的な理系人間であった。

高校卒業後、1年浪人の後に、大阪府立大学（現・大阪公立大学）に進学し、機械工学を学んだ。この大学受験に失敗したという挫折経験から、学歴で出世していくのではなく、自分の力で道を切り開かないといけないという意識が強くなった。少しの汚染が、全世界に影響を与えるように。この経験がなければ、独立・起業といういばらの道に進むことはなかったかもしれない。

そして1960年、工業炉メーカーに入社。そこで大気処理に関する機械と出会うことになる。

ガスの無害化に取り組む高度経済成長期

米国産の大気浄化装置との出会い

工業炉メーカーで、私は入社早々、空気を浄化する装置の開発を担当することとなった。このように書くと「若手社員が異例の起用で最先端事業に携わる」みたいに思われるかもしれないが、実態はそうではなかった。

私が社会人となった当時、日本は高度経済成長期の真っ最中で、天照大神が天の岩戸に隠れて以来の好景気と呼ばれた「岩戸景気」を謳歌《おうか》していた。１９６４年には一つ前の東京オリンピックが開催され、日本全体が何となく熱に浮かされているような雰囲気だった。「鉄は国家なり」の言葉通り、重厚長大産業が活況を見せていた。

勤めていた会社は現在の、新日本製鐵、川崎製鉄、神戸製鋼所などに工業炉を納入していた。

ある日、技術提携していた米国・オハイオ州の工業炉メーカー、サーフェス・コンバッション社から「カサバー」と呼ばれる浄化装置の図面が提供された。我が社でも作ってみようということになり、社長からもゴーサインが出た。

ところが、会社の本業はあくまで工業炉。環境問題に目が向けられた時代でもなく、「得体の知れない浄化装置の開発は、新入社員にでも任せておけ」といった感じで、私が担当することとなったのだ。

カサバーとは、室内の湿度を調節し、さらに空気中の微生物も除去できるという装置で、当時としては最新鋭の装置であった。現在でも、酒蔵や医療施設、食品・科学・薬品工場など、繊細な空調コントロールが求められる分野で利用されている。

ちなみにサーフェス・コンバッション社は、自動車部品の製造に貢献したことから「自動車産業のＩＢＭ」という異名を持っている。事業不振や幾多の買収を経たが、現在も企業は存続しているという。

担当に任命されてから数カ月は、図面を読んだり描いたりという日が続いたと記憶している。当時の日本にはない装置であったし、自前で作ったとしても当時は技術力が知れていたので、満足のゆくものは作れない。米国から最新の技術を導入して、それを取り入れるという風潮があった。

本業の工業炉に従事している社員は「そんなことをやってももうからない」という雰囲気を醸し出していた。確かに、当時の鉄鋼関連事業と環境関連事業を比べれば、売上ベースだと雲泥の差があったであろう。

それでも、何とかして形にして、いくつかの工場などに導入してもらった。カサバーとの出会い以来、今に至るまで、空気をきれいにする装置の仕事に従事し続けることとなった。

松下電子工業との出会い

最初の企業には5年ほど勤めた。鉄鋼で稼いでいる会社であるから、空気の浄化・無害化の仕事についていつまでも従事できる保証がなかった。そして1965年に環境関連の会社に移ることとなった。

ここで出会ったのが、カンケンテクノ創業後も長くお付き合いさせていただくこととなる松下電子工業である。

松下電子工業は、松下幸之助が創業した松下電器産業とオランダのエレクトロニクス企業・フィリップスの合弁企業として1952年に設立。元々松下が手掛けていた電球、蛍光灯、真空管の製造に始まり、1957年からは高槻工場（大阪府高槻市）で半導体の製造を開始した。

松下幸之助といえば、言わずと知れた経営の神様である。この当時すでに独立創業の意志を抱いていた私にとっては、憧れの存在だ。今のカリスマ経営者だとマイクロソフトのビル・ゲイツや、アップルのスティーブ・ジョブズ、テスラのイーロン・マスクなどの名が挙がるのだろうが、私たちの世代だと、断然松下幸之助である。

転職先の企業は、お世辞にも大きい会社とはいえず、失礼な言い方であるが、むしろ零細企業の類いであった。私は、半分営業、半分技術者として働いた。自分で商品を開発し、自分で売り込んでいく。取引先が技術的に困っていたら、自分で解決策を提案したり、エンジニアリングしたりする。ただ、この仕事のやり方が、私には合っていた。

小さな企業なので、年端のいかない私であっても自由に仕事をさせていただいたのは今でもありがたく思っている。ひと通りの技術は身に付けていたので、設計などでも裁量を持つことができた。さながら役員待遇のようなものである。

このような会社であったので、私は松下電子工業の工場で環境に関する相談を受けると、自分で浄化装置を設計し、自分で設置していた。松下の技術担当者とも交流し、意見交換した。思い通りに仕事ができるほど楽しいことはない。それなりに大変なことも起きたりしたが、毎日が充実していた。

環境問題にいち早く取り組んでいた松下

松下とのお付き合いについて、もう少し触れておきたい。

発光ダイオード（ＬＥＤ）が普及する前、照明器具といえば白熱電球か蛍光灯であった。

白熱電球は、中のタングステン（Ｗ）でできたらせん状のフィラメントを加熱して、発光させる仕組みである。このフィラメントを製造する際に、硝酸のガスが発生する。このガスは無臭だが黄色をしており、煙突から出ると非常に目立ったものである。

今となっては信じられないが、当時このようなガスが出ていても、社会全体が割と寛容であった。しかし松下は、この頃から環境問題を重視しており、いち早く環境保全に取り組んでいた。私の会社にも、ガスを無害化する方法についてしばしば相談に訪れていた。

岡山県東部の兵庫県境に備前市という小さな町がある。ここに松下電子工業の蛍光灯の工場があった。この工場の排ガスの処理にも取り組ませていただいた。電球と同様、蛍光灯の製造においても有害なガスが出る。松下の依頼で、この工場にも装置を設置したのである。

1970年頃、私は現地にしょっちゅう足を運んでいた。工場の近くに、国鉄（当時）赤穂線の伊里駅という駅があった。小さな木造駅舎に単線ホームが一つしかない駅であった。ここから川沿いの細い道を進んでいき、橋を渡ると工場だった。大阪から遠く離れ、心細くなるような静かな場所であったが、周囲の耕地や豊かな里山を守るために、自分たちの装置が役立っていると思うと、やりがいを感じた。

それ以外にも、松下の要請を受け、様々な工場にガスを無害化する装置を設置した。新しいことに挑戦するわくわく感が、仕事のモチベーションとなった。

当時、松下グループは株主総会などで自分たちが環境を守るためにどのような取り組みをしているかを説明していた。コンプライアンス（法令遵守）やＣＳＲ（企業の社会的責任）という言葉が聞かれなかった時代である。

その松下グループの決算書に、導入した浄化装置の一例として、私が手掛けた機械について掲載してくれた時は、天にも昇る気持ちであった。

全国で最も厳しい大気環境基準だった大阪

大学時代、会社員時代を過ごし、カンケンテクノの創業の地でもある大阪府。言わずと知れた「工業の町」である。当時の大阪は、お世辞にもきれいな町ではなかった。大阪は古来、商人の町として栄え、江戸時代には各地の大名が蔵屋敷を構えるなど物流の中心地となり「天下の台所」と呼ばれていた。明治維新後は、繊維工業を中心とした工業都市に脱皮。煙突が立ち並ぶ町並みは「東洋のマンチェスター」「煙の都」などと称されていた。

戦後、重化学工業の発展と、さらにモータリゼーションの到来により、煙はますます濃くなった。大阪と神戸を結ぶ国道43号沿いは深刻な大気汚染に見舞われ、煙がもくもくしていた。大阪駅中心部も慢性的に渋滞し、排ガスとクラクションのけたたましい音にまみれていた記憶がある。

当時大阪では、日本一深刻な公害問題を背景に、革新系の黒田了一府知事が誕生した。当時、堺や泉北を中心に重化学工業が急速に発展し、公害が激化。公害に反対する住民運動が府内で盛んに展開されていた。

黒田知事は「大阪環境管理計画（通称ビッグプラン）」を定め、排出汚染物を基に各企業の規制目標を明示。この計画は、当時最も厳しい環境規制といわれていた。「公害で住民に迷惑を掛ける会社は大阪から出て行ってくれ」と言わんばかりの勢いであった。

しかし当時、この厳しい環境規制に対応できる装置は少なかった。そこでこれまでの経験を生かして新たな装置を開発しよう、自分の技術を産業のために貢献しなければ、と考えるようになり、創業に至ったのであった。

カンケンテクノの創業

「関西研熱工業」として産声を上げる

１９７８年12月、カンケンテクノは大阪府吹田市において産声を上げた。当時は関西研熱工業株式会社という名前であった。設立当初より、環境保全関連装置の設計・製造・施工を行う営業所を大阪府高槻市に設けていた。

無論、設立当初は組織、経営、品質とも不安定で、正直なところ「環境のために」などという高尚なことを言っている余裕はなかった。今となっては笑い話であるが、債権者に追われる夢を見ることもしょっちゅうであった。

資本がないので、製造した機械を既製品として売るような余裕もなく、顧客の要望を聞き取り、それをもとに装置を作るオーダーメード方式の生産体制を取らざるを得なかった。半分営業、半分技術者という形で働いていた点では、雇われていた時代と同じだ。

品質管理についてもまだまだ発展途上であった。顧客から装置の不具合についてお叱りを受け、有害なガスを無害化するために必要なヒーターを車に積み、押っ取り刀で長野県の松本まで行く、というようなこともあった。

当時はまだ「お金をかけてまで環境浄化装置を取り付ける必要はない」という風潮が企業の中に少なからずあった。そんな中で助けてくれたのは、会社員時代から付き合いのあった松下電子工業で、会社設立後まもなく窒素酸化物（NO_x）の除去装置を発注してくれたのはとてもありがたかった。

NO_xとは、一酸化窒素（ＮＯ）や二酸化窒素（NO_2）といったガスの総称で、物質が高い温度で燃えた際に、空気中の窒素（Ｎ）と酸素（O_2）が結びついて発生する。工場や火力発電所から排出されるほか、自動車の排ガスの中にも含まれている。光化学スモッグや酸性雨の原因となり、地球環境に甚大な影響を及ぼす。

松下からは、これ以外にも様々な装置の注文が入った。私は、応援してくださっている顧客の期待に応えようと、今までに培ったあらゆる技術を結集して装置を作り上げた。

半導体の発展とともに成長

松下をはじめとした取引先の応援、そして社員たちの頑張りもあり、１９８０年には東京営業所を開設することができた。

その後、１９８３年に新潟県新井市（当時、現・妙高市）に新潟営業所、翌84年に富山県魚津市に魚津営業所、１９９３年に同県砺波市に砺波営業所を開設した。この3営業所は、いずれもＬＳＩなどの半導体を製造していた松下電子工業の北陸工場のそばにあり、工場に設置した無害化装置のメンテナンスなどを担当させていただいた。

後に松下は、半導体事業から撤退。北陸工場は買収され、現在はタワーパートナーズセミコンダクターの工場となっている。タワーパートナーズセミコンダクターとなっても、従来同様、今に至るまで当社の無害化装置が稼働している。

１９８０年代に入ると、日本の半導体が世界を席巻するようになり、それにしたがい、私たちの無害化装置の需要も大きくなった。半導体業界の発展に合わせるように、企業として少しずつ成長していくことができた。

真空管に代わる電子デバイスとして半導体が量産化されたのは、１９５０年代の米国である。トランジスタの発明に始まり、ＩＣ、ＬＳＩなどの集積回路の登場など、進化をし続けていった。生産をリードしたのは、テキサス・インスツルメンツ（ＴＩ）、モトローラなどの米国系企業であった。

日本の企業も、米国の背中を追い続けながら、日本電気（ＮＥＣ）、日立製作所、東芝、そして松下などの総合電機メーカーが力を付けていった。１９７０年代初頭は米国の企業が上位を占めていたが、日本の企業も電卓の普及などにより上位をうかがうようになっていった。

そして１９８０年代、日本の半導体産業は黄金時代を迎える。１９８４年には日本の半導体需要は前年比１５０％の高成長を記録する。そして１９８６年、上位10社のうち６社を日本の企業が占め、日本の半導体シェアは米国を抜いて世界一となったのである。

しかし、半導体の生産には、CO_2の１万倍以上の地球温暖化を引き起こす力があるＰＦＣガスなど、様々な有害なガスが出てしまう。そこで、半導体メーカーは工場にガスを無害化する装置を取り付ける必要性が出たのである。

カンケンテクノがこだわる「電気式」

半導体産業の興隆に合わせるかのように、関西研熱工業以外にも無害化装置を手掛けるメーカーが成長していった。そんな中、私たちが一貫してこだわり続けたのが「電気式」の無害化装置である。

半導体や液晶の工場から排出される有害なガスは、主に高温で分解することで無害化する。従来は、ガスを燃焼させることで高温分解する「ガス式」などが主流であった。

ところが私たちは、電気ヒーターによりおおむね850℃以上の高温をつくり出して分解する方式を採用したのである。

電気式のメリットは、大きく三つある。

一つは環境に優しい点。第1章ですでに簡単には説明したが、ガスの燃焼と違い電気はその場でCO_2を排出することがない。

もう一つは取り扱いが簡便な点である。ボタン一つで作動することができ、センサーを取り付けることで温度のコントロールも容易だ。燃焼だと温度のムラが出るが、ヒーターを複数取り付けることで、均一な温度で処理を行うことができる。

さらに、火を出さないという点。これは半導体工場でかなり大きなメリットとなる。半導体などの精密機械は、ほんの少しの汚れでも品質に悪影響を及ぼすことから、密閉されたクリーンルームで生産される。電気式なら、密閉空間に火を持ち込むといったことも不要なので、格段に安全性が向上する。

半導体メーカーの「より安全に生産がしたい」という要望から、電気式は誕生した。顧客のニーズや困り事を聞き、オーダーメードで装置を作るというカンケンテクノ流のものづくりだからこそできたと考えている。そして1990年、電気式に関しての特許を取得することとなった。

「産業のコメ」といわれるほど、人間活動に欠かすことのできない半導体は、特殊な環境のもとで製造する。この付加価値の高い業界の期待に応えたいと思ったからこそ、無害化装置の世界で電気式という画期的な方式を確立させることができた。半導体業界には、感謝しきりである。

零細企業が中国に進出

半導体産業の興隆とともに、社業の追い風となったのが、海外進出である。幸運なことに、設立してそれほど間を置かずに、中国の工場に無害化装置を導入する機会に恵まれた。松下グループの工場設置に伴うものだ。

松下の創業者である松下幸之助が、中国の最高指導者（当時）・鄧小平の要請を受け、１９８７年に松下と北京市の合弁でブラウン管の工場「北京・松下彩色顕像管（ＢＭＣＣ）」を建設。工場の土地は中国側が準備し、機械、装置は松下が中国政府にプレゼントするという形だった。

ＢＭＣＣの立ち上げに関して、松下側は現地のラインで作業する工員やサービス担当者ら２５０人を日本に招き、技術を教えたと聞いている。モノを作る前に人を作るという、松下幸之助らしい実践である。

松下側の要請を受け、私たちの会社はＢＭＣＣの工場にNO_xや硝酸などを無害化する装置を取り付けることとなった。松下の社員たちと長年お付き合いをさせていただいており、その縁でいただいた仕事だ。まだ知名度もない零細企業が中国に進出し、日中国交の象徴的な事業に携わることができるなど、今考えても夢のような話であった。

かくしてＢＭＣＣは１９８９年に稼働開始し、第1号となるブラウン管を製造。私たちの装置も、陰ながら生産を支えた。

しかし、一つ懸念があった。同じ年に起きた天安門事件である。北京の天安門広場に民主化を求めるデモ隊が集結。これを人民解放軍が武力で制圧し、多数の死傷者が出た事件である。政府による市民の殺戮は世界中に大きな反響を呼び、日本の新聞やテレビニュースでも連日報道されていた。

折しも私は、ＢＭＣＣの仕事の関係で、日本と中国を頻繁に行き来していた。幸い身の危険を感じたことはなかったのだが、帰国した際に伊丹空港で多くの報道陣に囲まれてしまい、困った記憶がある。「下手なことは言わないほうがよい」という社員のアドバイスもあり、ノーコメントを貫かせていただいた。

これを足掛かりにして、今に至るまで、中国の液晶、半導体の工場への販売を強化してきた。世界1位のシェアを誇る京東方科技集団（ＢＯＥ）や、チャイナスター（華星光電、ＣＳＯＴ）といったそうそうたる液晶ディスプレイメーカーにも当社の装置を納入している。

１９９６年に初の現地法人となる北京カンケンテクノを設立。また、中国では現地生産の装置のほうが採用されやすい傾向にあることから、北京、上海、武漢などに支店を設け、各種処理装置を販売している。２０１７年には平湖に生産工場子会社を設立した。

韓国、台湾に進出。ＴＳＭＣとの出会い

日本の半導体産業が黄金時代を迎えたことで、近隣の韓国や台湾でも、半導体の製造が盛んとなった。

一方、日本は１９８８年に世界シェアの50％を占めたのをピークに、次第に力を失っていく。米国が巻き返し、発展途上国が力を付ける一方で、日本は成長が鈍化してしまい、相対的な価値が下がってしまったのだ。

１９８６年には、日本の半導体市場の海外メーカーへの開放などを盛り込んだ「日米半導体協定」が締結され、急速に国際競争力を失っていった。

このような状況の中、会社を成長させるためには、海外へ出て行くという選択肢しかなかった。中国に続き、韓国、台湾などへの進出を進めていった。当時、両地域では半導体の生産は伸びていっていたが、まだ無害化装置を製造する企業はほとんどなかった。そのため、多くの国で私たちの技術は歓迎を受けた。

韓国では、アジア最大の財閥といわれるサムスンに売り込みをかけ、無害化装置を納入することに成功した。ただ、後にサムスンが新たに勃興した現地の装置メーカーと提携してしまったため、関係が長く続くことはなかった。

一方の台湾では、台湾最大級の企業である台湾積体電路製造（ＴＳＭＣ）にアプローチした。

ＴＳＭＣは、１９８７年にモリス・チャンが設立。工場を持たない「ファブレス企業」から製品の製造を受託する「ファウンドリー専業」としては世界最大の企業として知られており、約５００社の製品を作っているといわれている。拠点は台湾北部にあり「台湾のシリコンバレー」の異名を取る新竹市。１９９７年には台湾企業として初めてニューヨーク証券取引所に上場している。

ＴＳＭＣとはその後、今に至るまで長いお付き合いをさせていただくこととなる。

詳しくは後述するが、海外の取引先として大切なお客さまの一つとなるのである。

そんな中、1991年1月に関西研熱工業はカンケンテクノに社名を変更する。関西の「カン」と研熱の「ケン」を社名に残し、デバイス製造の「縁の下の力持ち」として広く貢献していこうという気持ちを新たにした。

環境意識の高まりとグローバル・ニッチへの歩み

依然衰えない国内でのニーズ

2005年、カンケンテクノは本社を京都府長岡京市に移転した。京都工場に併設する格好で、京都工場は「本社工場」となり、さらに生産体制を確固たるものにしていく。

しかし21世紀に入り、私たちのいちばんの取引先である日本の半導体業界は、力を大きく失っていった。1988年に50%を占めた世界シェアは右肩下がりで低下し、

２０１９年にはわずか10％となり、米国の50・７％に大きく引き離されている。

凋落の原因として、前項で説明した日米半導体協定による貿易規制のほか、半導体の設計と製造の分離ができなかったこと、インターネットやスマートフォンなどの急速な普及について行けなかったこと、バブル崩壊後の長い不況の中で国などが半導体企業に思い切った投資ができなかったことなどが挙げられている。

その一方、企業から一般の市民に至るまで環境に対する意識が高まり、持続可能性について真剣に考えるようになった。第1章で述べたように、地球環境を顧みない企業は捨てられるという考えは当然のものとなっている。

日の丸半導体の力は落ちたとしても、環境意識の高まりに合わせ、工場の排ガス処理装置のニーズは高まる一方。それは数値にも表れている。

工業ガス業界の専門誌「ガスレビュー」のまとめによると、国内向け排ガス処理装置の市場規模は、２０１７年度で１８２億円。２０１８年度以降は毎年２００億円を超える規模で推移しており、２０２０年度は前年に比べ２・４％アップの２１０億円だった。

今後の市場動向について、「ガスレビュー」は以下のように分析している。

世の中的な流れとして脱炭素への取り組みが加速しているが、排ガス処理装置の選定についても少しずつ脱炭素の流れによる影響が出てきている模様だ。半導体工場では、「生産現場におけるCO_2排出削減」という考え方が主流になっているほか、海外資本の工場でもＰＦＣ処理を本格化させたという話もある。脱炭素に即した方式としては、工場でCO_2を排出しないという点でみると、電気ヒーター式やプラズマ式が該当してくる。

（「ガスレビュー」　２０２１年8月15日号）

21世紀に入って社会がカーボンニュートラルに向かう中、空気をきれいにする装置で産業や環境に貢献してきた当社の技術は、その必要性がさらに高まっているのだ。

依然衰えない国内でのニーズ

市場規模の拡大を追い風に、当社には半導体の黄金時代が終わってもなお、引き続き各メーカーからの注文が相次いでいる。

黎明《れいめい》期の当社を育ててくれた松下グループは、2008年にパナソニックに商号を変更。2013年にイスラエルの企業と半導体製造の合弁会社「パナソニック・タワージャズセミコンダクター」を設立し、引き続き半導体製造に従事していたが、2020年に合弁会社の持株を売却したことで、半導体事業から撤退してしまった。

かつて松下グループが設立した新潟県妙高市、富山県魚津市、砺波市の工場は、後裔の「タワーパートナーズセミコンダクター」に引き継がれている。これらの工場では、引き続き当社の無害化装置が稼働しており、パナソニック撤退後もなお関係は続いている。

松下以外の半導体メーカーにも、21世紀に入って組織の改編が見られた。

2003年、三菱電機と日立製作所は各社の半導体部門を母体にして「ルネサステクノロジ」を設立。同社はさらに、NECグループの「NECエレクトロニクス」と統合し、2010年に「ルネサスエレクトロニクス」として誕生した。社名のルネサスは、ルネサンス（文芸復興）に通じ、文字通り日の丸半導体を復興させるという思いが込められている。

東芝は、2017年に半導体メモリ事業を「東芝メモリ」に分社化、2019年には現在の「キオクシア」に社名を変更した。日本語の「記憶」とギリシャ語で「価値」を意味する「アクシア」を組み合わせて名付けられたという。国内半導体メーカーのトップで、今も世界の強豪に伍する実力を持つ。

ソニーは、2016年に半導体事業を分社化して「ソニーセミコンダクタソリューションズ」を設立。一度手放した工場を買い戻すなど、生産拡大を続けている。

これらの大手メーカーを含め、日本の多くの半導体工場には、当社の装置が導入されている。国内の半導体メーカーの98％は、当社とお付き合いのあるお客さまとなっている。

グローバル化と生産体制の強化

21世紀に入り、海外進出を一層積極的に進めていった。

現地法人は、1996年の北京カンケンテクノに続き、2006年にシンガポールカンケンテクノ、2007年にカンケンテクノKOREA、2008年に台湾カンケンテクノを設立。さらに2012年にはマレーシア、2015年にタイ、2022年米国アリゾナに進出をしている。

中国では2016年、浙江省に平湖工場を稼働させた。韓国では、韓国2位の半導体メーカー・SKハイニックスと取引することとなり、各工場に装置を納入している。

台湾では、TSMCと強固な関係を築くことができた。世界に顧客を持つTSMCは、多種多様の製品を生産して日を追うごとに成長。この成長をサポートするべく、当社も台湾の台南市に生産拠点を設け、TSMCの工場新設のたびに、累計約600台もの無害化装置を納入している。

2020年からの新型コロナウイルスによる感染拡大で、社会や生活様式は一変してしまった。折からの米中間の経済摩擦に加え、サプライチェーンの混乱、電気自動車やパソコン、スマートフォンといったデバイスの需要増により、世界的に半導体不足に見舞われることとなった。さらに、2022年のロシアによるウクライナ侵攻により、その傾向に拍車がかかることとなった。

半導体産業においては、工場建設など大幅な設備投資が進んでおり、当社でもニーズに対応するべく生産体制の強化を図っている。コロナ禍に先立つ２０２０年、地元の京都府長岡京市に研究開発の拠点となる「Ｒ＆Ｄセンター」を建設。競合他社と比べて優位な付加価値があり、顧客満足度をさらに高める製品を生み出すことをめざす。

いちばんのトピックとしては熊本での工場建設である。台湾のＴＳＭＣが熊本県菊陽町に半導体工場を建設するのに伴い、カンケンテクノも同県玉名市に無害化装置の新工場を設立することとなった。

菊陽町は県庁所在地の熊本市の北東に位置し、玉名市は北西に位置する。当社の工場は、市内の小学校跡地に約15億円を投じて建設され、建築面積は５０００㎡。２０２３年10月に稼働を開始し、地元から１００人の雇用を創出している。

２０２２年７月には、熊本県庁で立地協定の締結式があり、熊本県の蒲島郁夫知事立ち会いのもと、藏原隆浩玉名市長と私が協定書に調印した。この様子は、日本経済新聞や地元紙の熊本日日新聞、ＮＨＫなどが報道。地元の期待をひしひしと感じた。

海外でも供給能力の拡大に取り組む。台湾では、台南市の工場を増設するほか、中国は浙江省の平湖工場でガス無害化装置の生産体制整備を進める。

「プラズマ式」が主力商品に

商品も日々進化を続けている。近年、電気式に代わってカンケンテクノの主力商品となっているのが、「プラズマ式」の無害化装置である。プラズマは、雷や稲妻のようなものと考えていただければわかりやすいであろう。

電気式は、電熱ヒーターにより高温を生み出すことで、工場から出される排ガスを無害化するのは前に説明した通りである。無害化にはおおむね７００℃以上の温度が必要で、一部のＰＦＣガスなど分解が難しいものは１２００℃や１５００℃ほどの温度が必要となる。鉄が溶ける温度が１０００℃、焼き物の窯の中の温度が高くて１２００℃なので、いかに高い温度であるかがわかるだろう。

電気式でも１５００℃の温度を出すことは可能なのだが、温度が上がるまでに2時間から3時間かかる。そこで、雷や稲妻の力を応用して大きなエネルギーを発生させることで、わずか数秒で１５００℃以上の高温を出し、排ガスを無害化できるようにしたのが、プラズマ式である。

カンケンテクノは、世界で初めてプラズマ式除害装置を量産することに成功。そして競合他社も、その流れに追随することとなる。この装置は、環境面、技術面において高く評価され、様々な栄誉ある賞をいただくことになった。

電気式、そしてそれに続くプラズマ式の開発で、カンケンテクノはガスの無害化装置の世界でのトップランナーとなる。

業界専門誌「ガスレビュー」のまとめによると、２０２３年度のメーカー別国内シェアは、カンケンテクノが48％でトップ。２位（18％）、３位の企業（12％）を大きく引き離している。

海外では、特にＴＳＭＣのお膝元である台湾を中心に、中国、韓国、東南アジアで稼働実績を積み上げている。グローバルシェアは21％を誇り、トップ企業（29％）とカンケンテクノの２社で世界の半分を占めるまでに至っている。

グローバル・ニッチとして様々な評価

海外への積極的な進出でグローバル化を図り、顧客のニーズを汲んで競合他社にない商品を世に送り出したことで、当社は徐々にではあるがグローバル・ニッチ企業の評価をいただくことが多くなった。それに伴い、環境保護、経営の両面で様々な賞をいただくことも多くなった。

本社移転前の2003年には、大阪府の「おおさか環境賞」を受賞。そして長岡京市に本社を移転後は、2012年に「長岡京市〝環境の都〟賞」をいただいた。長岡京市からは「企業活動そのものが環境を守り、社会貢献できる組織でありたいとの強い思い」があることが評価されたという。

日刊工業新聞社主催の「オゾン層保護・地球温暖化防止大賞」は、2010年に優秀賞、2017年には栄えある経済産業大臣賞をいただいた。この賞は、1988年のオゾン層保護法制定以降、オゾン層の保護や地球温暖化の防止対策に貢献した団体、企業、個人が表彰されるものである。

経済産業大臣賞の受賞理由は、看板商品であるプラズマ式の除害装置。短時間で温度を上げることができる点や、粉塵の除去などのメンテナンスが容易な点、そして複数種類のガスを同時処理することができる点などが地球温暖化防止に貢献していると認められた。

経済産業大臣賞は、最優秀賞に相当する賞である。これまでの企業活動が評価されてありがたかったと同時に、無害化装置を通じて空気をきれいにするという使命の重さを改めて感じた。

このプラズマ式の装置は、環境面だけでなく技術面でも評価をいただいている。２０１２年の「中小企業優秀新技術・新製品賞」の受賞である。同賞は、中小企業庁の後援のもと、公益財団法人りそな中小企業振興財団と日刊工業新聞社が主催。折しも国内外で排ガスの規制強化などが叫ばれていただけに、将来性の高さを認められたのだろうと自己分析している。

そして２０２０年、経済産業省から「グローバルニッチトップ企業１００選」に認定された。

グローバルニッチトップとは、元々経済産業省が考案した概念で、隙間産業の分野における世界市場のトップ企業を指す。企業の選定は、２０１３年に続いて2回目。従業員当たり売上高や営業利益率などの収益性のほか、海外売上高比率などの国際性、技術の独自性と自立性、サプライチェーン上の重要性が審査された。

経済産業省のまとめによると、選定企業113社の5〜10年後に予想される市場規模は、平均で2・21倍の成長率が見込まれているという。特に、当社が該当する機械・加工部門では平均2・34倍の成長率がはじき出されている。

工場の排ガスを処理する業界は、一般的な知名度もそれほど高くなく、決して華々しい業界ではない。しかし、目立とうとは思わない。ニッチな産業で、世界のトップを走る企業と認められたことに誇りを感じている。

ますますグローバルに

初の米国本土への進出

そして今、カンケンテクノは、さらなるグローバル展開を進めようとしている。私が空気をきれいにする装置と出会うきっかけをつくってくれた、米国への進出である。2021年、アリゾナ州フェニックスに子会社を設立。現地のサービス拠点として、担当者が準備を進めている。

きっかけは、ＴＳＭＣの米国への進出だ。技術、規模とも世界最大手のファウンドリー（受託製造）であるＴＳＭＣに対し、米国政府が熱烈に誘致をしたことで実現した。ＴＳＭＣの工場の総工費は１２０億ドルで、２０２４年に操業を開始した。半導体ウエハーを月２万枚製造する計画だ。

この半導体工場に、当社の無害化装置が採用されることとなった。ＴＳＭＣの工場は本拠地の台湾をはじめ、現在建設中の熊本県の工場にも私たちの装置を導入している。世界最大手の半導体メーカーは、今回も私たちをプロジェクトのパートナーに選んでくれた。

アリゾナ州は、米国南西部に位置し、有名な世界遺産のグランドキャニオンがあることで知られている。雨が少ない内陸の砂漠気候で、真夏の最高気温は50℃に達することもあるという。しかし近年、半導体に限らず、電気自動車関連など先端産業の進出が相次いでおり、文字通り「ホットスポット」となっている。

当社としては、まずは海外ではいちばんの得意先であるＴＳＭＣに技術の粋を尽くした機械を導入し、丁寧なアフターフォローにより半導体生産を陰ながら支えていきたい。

次に見据えているのは、米国企業の米国工場への装置納入である。米国には、インテルをはじめ、テキサス・インスツルメンツ（ＴＩ）、マイクロン、グローバルファウンドリーズなどの半導体メーカーがある。それぞれの企業と取引しているが、カンケンテクノの装置はマレーシアや中国などの海外の工場に導入しており、米国本土の工場に設置した例はまだない。

私たちとしては、米国の工場に装置を採用してもらうことで、真のグローバル・ニッチ企業になることを目指している。タワーパートナーズセミコンダクターは、かつて松下が開設した北陸の３工場（新潟県妙高市、富山県魚津市、同砺波市）を運営している企業であり、商機は整っている。

さらには、現在中国や台湾で行っているような、現地の自社工場で装置を生産し、現地の半導体製造工場に導入する「地産地消」が米国でもできれば、と夢見ている。サプライチェーンも環境問題も、年々ボーダレス化が進んでいる。長い目で物事を見ないと、良い方向には向かわない。次の20年、50年を見据え、カンケンテクノもグローバル・ニッチの矛先をさらに磨いていきたいと考えている。

タワーパートナーズセミコンダクターは、パナソニックグループとタワーセミコンダクターの合弁会社として２０１４年に設立された。当時は「パナソニック・タワージャズセミコンダクター株式会社」という名前だったが、パナソニックが半導体事業から撤退、売却したことにより、現在の名前になった。

だから、ルーツは松下グループである。

この会社の歴史をさらに遡ると、１９５２年に松下電器産業とオランダのエレクトロニクス企業・フリップスの合弁企業として設立された「松下電子工業」にたどり着く。当初は蛍光灯やテレビのブラウン管、真空管などを製造していた。

会社が発足して5年後には半導体事業に参入し、ダイオードやトランジスタなどの製造を開始した。その後も半導体製造を拡大していき、１９７６年に新潟県新井市（現・妙高市）で半導体組み立てを開始。その後1９８４年に富山県魚津市、１９９４年に富山県砺波市にそれぞれ工場を構え、半導体ウエハーの製造を開始した。

この二つの工場では、８インチ、12インチウエハーの半導体製造を行っている。もちろん、環境に対する配慮も万全であり、ＩＬＯ（国際労働機関）宣言や世界人権宣言などの主要な国際的人権基準に基づいた「ＣＳＲ原則」を定め、大気や水に目を光らせている。

魚津、砺波の両工場は、パナソニックグループからパナソニック・タワージャズセミコンダクターを経て、現在もタワーパートナーズセミコンダクターの主力工場として、大規模集積回路を製造している。


カンケンテクノの無害化装置が世界の半導体工場で活躍できているのは、松下グループを出自に持つタワーパートナーズセミコンダクターの工場のおかげと言っても過言ではない。

この二つの工場とは長いお付き合いとなる。当初は空調装置関係の仕事がメーンであり、配管の工事などを担当していた。そ

弊社より納入したKD101

の後、依頼を受けて、半導体工場のＰＦＣガスを分解する装置を手掛けるようになる。

この工場で私は、クリーンルームというものを初めて見た。ここで半導体製造の流れや仕組みを知り、無害化装置の開発の際には大いに役に立った。

松下グループとお付き合いをしていなかったら、東芝（のちのキオクシア）、ソニーなど、他の半導体メーカーと関係を築くこともできなかったであろう。


工場の主が松下からタワーパートナーズセミコンダクターに替わっても、ありがたいことに引き続きカンケンテクノの装置は愛用されている。特に他社に先駆けていち早く量産化に成功したプラズマ式の無害化装置に対し高い評価をいただいている。

一方で、35年以上も操業を続けている工場だけに、既存の建屋の周りに余裕のあるスペースがなく、大きな無害化装置を置くことができないといった課題もある。そこで「電源一体型」というコンパクトサイズのものを設置。これも大いに喜んでいただいている。

一方で、松下時代からの配管の工事に関する仕事も引き続き担当させていただいている。カンケンテクノの創業当初の仕事を今も任せていただき、実に身の引き締まる思いである。

タワーパートナーズセミコンダクターは、カンケンテクノの大恩人として、今後もニーズに応えた製品やサービスを提供していきたい。

Column カーボンニュートラルへの歩み

タワーパートナーズセミコンダクターの二河秀夫氏に、環境に優しい半導体製造の歩みと、カーボンニュートラル社会に向けた展望を聞いた。

私は松下電器産業で、半導体製造の前工程に当たるウェハープロセスと装置に関わる研究開発エンジニアとして働いてきた。その後、砺波工場での勤務ののち、工場長、関連会社の社長を経て、当時のパナソニック・タワージャズに転籍し、現在に至っている。

今村さんを最初にお見かけしたのは、1996年の頃と記憶している。当時、一般社団法人電子情報技術産業協会（JEITA）の前身に当たる日本電子機械工業会（EIAJ）の枠組みで、国内の大手半導体メーカー7社（NEC、東芝、日立、富士通、三菱電機、ソニー、松下）が地球温暖化効果ガスの排出を抑制するための委員会を結成していた。その勉強会で、カンケンテクノさんに講師を依頼していたのだった。

場所は大阪市内のホテル。今村さんは地球温暖化効果ガスを無害化する装置について約2時間、しゃべりっぱなしだった。装置の構造や役割について細かく説明し、語り口が情熱的だったのを覚えている。このようなことを言ったら大変失礼だが、社長というよりは一流の技術者といった印象だった。

当時、我々の委員会は、米国半導体工業会（SIA）やヨーロッパの業界団体と共同で会合を開き、環境保護に対する機運が高まりをみせている時期。直後にCOP京都会議を控えていたこともあり、各業界は温暖化を抑制する生産を真剣に考えていた。

とはいえ無害化装置を導入している企業はまだ少ない。会社の利益だけでなく、社会に貢献することを強調していた今村さんの話は新鮮であったと同時に、大きな共感を覚えた。

その後、技術者同士ということもあり意気投合し、今に至るまで深いお付き合いをさせていただいている。今村さん自ら装置に触れて作業していた姿を何度もお見かけし、私も開発中の装置を見せてもらい、「この機械どう思う?」と意見を求められたこともあった。

無害化装置を選ぶ際は、無条件でカンケンテクノの装置を選ぶわけではない。装置の性能や設置面積、イニシャルコストやランニングコスト、アフターサービスなど、総合的に同業他社の装置と比較して選んでいる。

世界がカーボンニュートラルという共通の方向に向かっている以上、ガスなどの化石燃料を直接使うような無害化装置は採用しづらい。その代わりに、電気式やさらに効率の良いプラズマ式などを選択していきたいと思って

KT1000MF

いる。電力会社も再生可能エネルギーへのシフトを進めており、将来再エネ100％で無害化装置が動くようになれば、カーボンフリーな運用が可能となる。

他社と比べてカンケンテクノが特に評価できるのは、装置の故障が少ない点とランニングコストを抑えることができる点。アフターサービスの面でも、工場の隣にサービス拠点を設けていただき、いつも迅速に対応していただいている。今村さんにも何度も来ていただいており、工場のことを熟知していて驚いた。

私たちの会社は無害化装置の導入に限らず、地球温暖化対策として様々な省エネ活動を行っている。新しい製造装置を導入する際は、既存のものよりも生産効率の高いものを選んでいるし、付帯設備やポンプの更新時にも省エネ型のものに切り替えている。細かいところでは、蛍光灯などの照明器具を消費電力の少ないLED型に替えている。コストダウンの取り組みは、カーボンニュートラルに直結すると考えている。

顧客からもカーボンフリーな製品の提供を求められている。温室効果ガスのサプライチェーン排出量の削減を実現するために、社員の出張時の交通手段一つとっても環境に優しい乗り物を使うよう気を遣わなければならない時代がすでに来ているのだ。

ＥＳＧを考慮した事業活動を継続していくためには、個々でできることに取り組みながら、環境負荷の軽減に繋がる良きパートナーが不可欠。今後ともカンケンテクノとは良い関係でお付き合いができればと考えている。

第3章
カーボンニュートラルに貢献するものづくり
—— カンケンテクノの無害化技術

カーボンニュートラルに貢献するものづくり

自動車も無害化装置も、電化がトレンド

近年、電気自動車（ＥＶ）や燃料電池自動車（ＦＣＶ）に対する注目が高まっている。

従来型のエンジン式自動車は、ガソリンや軽油を燃料にして動くことから、地球温暖化の原因となる二酸化炭素（CO_2）や、大気汚染の原因となる窒素酸化物（NO_x）を排出することが問題視されている。

一方、ＥＶは、電気モーターを動力源とするので、走行中にCO_2を排出することはない。火力発電所で石炭などを燃焼して電気をつくる際には温室効果ガスを排出するが、少なくとも走行中には排出しないため、自動車メーカーや所有者が排出責任を問われることはない。また、太陽光発電や風力発電などの再生可能エネルギーが普及すれば、CO_2排出量は格段に減少することが想定される。

ヨーロッパでは、従来型の自動車を将来的にＥＶへ切り替える動きが加速している。例えば英国では、２０４０年までにガソリン、ディーゼル車の販売を禁止する目標を表明。フランスでも２０４０年までに温室効果ガスを排出する自動車の販売を終了する方針を立てている。「ＥＶ先進国」といわれるノルウェーでは、新車販売に占めるＥＶの割合が80％を超えたともいわれている。

温暖化対策をはじめ、世界のエネルギー問題に大きな変化をもたらす可能性を持つものとしてＥＶの普及拡大が期待されている。

「電化」への動きは、自動車業界だけにとどまらず、あらゆる産業での趨勢となっている。

それは、当社が参入する「ガスを無害化する装置の業界」においても、例外ではない。

従来の無害化装置は、ガスを燃焼させて無害化させる方式が主流となっている。ただ、ガソリン車と同様、燃焼装置そのものが地球温暖化の原因となるCO_2を排出してしまう。

これに対し、自動車でいうＥＶに当たるのが、当社が手掛ける「電気式」の装置だ。電気ヒーターで高温をつくり出し、ガスを無害化するため、ＥＶと同様、稼働している現場でCO_2を排出することはない。再生可能エネルギーの電気を使えば、CO_2排出量はゼロとなる。

電化を志向するユーザーのトレンドも、自動車と同じだ。

２０２０年に菅義偉首相（当時）が２０５０年のカーボンニュートラルをめざすことを表明して以降、日本国内では脱炭素への取り組みが加速化し、生産現場におけるCO_2削減に向けて電化を進めている。

半導体メーカーなどのユーザーもしかりで、無害化装置において電気仕様のヒーター式、プラズマ式を導入する動きが顕著になっている。私の元にも、これまでお付き合いのなかった企業や業界から無害化装置に関する問い合わせが目に見えて増えている。

アベイトメント（除害）業界の「テスラ」になりたい

ＥＶ業界で最も注目を浴びている企業といえば、「テスラ」であろう。ＣＥＯのイーロン・マスク氏はその類い稀なるキャラクターや発言がマスコミなどに取り上げられるなど、自動車業界にとどまらずあらゆる業界に影響力をもたらしている。

テスラが創業したのは２００３年で、歴史の長さだけでいえば当社の半分程度だ。それでも、ガソリンやディーゼルが当たり前であったそれまでの自動車の概念を打ち破り、当初からエンジンを排除した製造コンセプトを提唱。加速性能に優れた近未来的なフォルムの自動車を次々に打ち出していった。その革新性から、「自動車業界のディスラプター（破壊者）」といわれるまでに至った。

当社についても「アベイトメント（除害、害を取り除くこと）業界のテスラになろう」との思いで、日々業務に励んでいる。

次項で説明するが、ガスの無害化には、燃焼による方法や、水に溶け込ます方法、乾式薬剤に吸着させる方法など、いくつかの種類がある。ガス燃焼による方法が全盛だった時代、当社は地球環境への影響を第一に考え、多少コストがかかっても電気式にこだわり続けてきた。

そして21世紀に入り、短時間で高温の状態をつくり出すことができ、高温を必要とするPFCガスを分解・無害化できる「プラズマ式」の開発に成功。顧客や技術者からも高く評価され、様々な方面から賞もいただくまでに至った。

そして、これまでに培った技術を存分に生かし、引き続き既存の方法にとらわれないものづくりに取り組んでいく所存だ。

アベイトメントの業界は、自動車業界と比べものにならないほど小さな業界である。しかしこのニッチな業界の中で、トップの地位であぐらをかくことなく、革新的なことを次々にやっていきたいと考えている。

本章では、カーボンニュートラルに貢献する当社の技術や商品について紹介していきたい。無害化装置は専門的な機器であるだけに、つぶさに説明するのは難しい面もあるが、どのようにして温室効果ガスの削減を実現させているか、半導体や液晶などの先端産業をどのように支えているかがご理解いただければ幸いである。

CO_2を排出しない電気式

無害化を実現するための様々な手段

技術を紹介する前に、無害化装置の意義や基本的な仕組みについて改めて説明する。唐突ではあるが、カレーライスの調理を思い浮かべてほしい。

ニンジン、タマネギ、ジャガイモなどの具材を切るとき、皮をむいたり、芽を切り取ったりする。肉と一緒に煮込む際はアクが発生するので、取り除かなければならない。コメを洗うととぎ汁が出るし、そもそも精米して白いコメになるまでには籾や糠が発生している。

このように、おいしいカレーを一つ作るにしても、野菜の皮やアク、コメのとぎ汁などが発生してしまう。中には、有毒物質のソラニンを含んだジャガイモの芽のように、人体に害のある物質すら排出されてしまうのだ。

あらゆるものを生産する工場においても同じことが言え、廃棄物や人体に害のある物質がどうしても出てしまう。コメを洗う際にとぎ汁が出るように、液晶ディスプレイの工場でも洗浄やエッチング（食刻加工）の際にＰＦＣガスを使用する。加えて未反応ガスが出てしまう。

ジャガイモの芽くらいなら生ごみとして捨ててしまえばよいが、CO_2の１万倍以上の温室効果があるガスやその他の毒ガスだとそうはいかず、無毒化など専門的に処理をする必要がある。

このように、産業において有害になるものを取り除くことで無害化することを「除害」という。有害物質は当社が処理するガスだけでなく、液体や固体もあり、それぞれが除害対象となる。今は液体においても、ガス同様様々な処理技術が開発されているとのことである。

私たちカンケンテクノはガスに特化して除害装置を作っているが、ガスの除害には様々な方法がある。

かつて半導体工場の無害化装置で主流だったのは、水や薬液を排ガスに触れさせることで無害化する「湿式」と、処理剤と排ガスを触れさせて化学反応を起こすことで無害化する「乾式」である。

湿式は、水でガスの臭いや粉塵を洗い落としたり、薬液をガスに触れさせることで中和したりして、有害な成分を除去する方法で、鋳造工場や化学工場、さらには大学などの化学実験室などで導入されている。

湿式スクラバー装置

しかし、湿式や乾式は、処理できるガスの種類が限られている。地球温暖化を強力に進める力を持つPFCガスを処理することができないのだ。
そこで半導体工場などでは、ガスを燃焼して分解（破壊）する「燃焼式」、電気ヒーターで高温の状態をつくり分解（破壊）する「電気式」、プラズマ放電でガスを分解する「プラズマ式」などによる分解（破壊）装

図表｜湿式スクラバー装置のフロー図

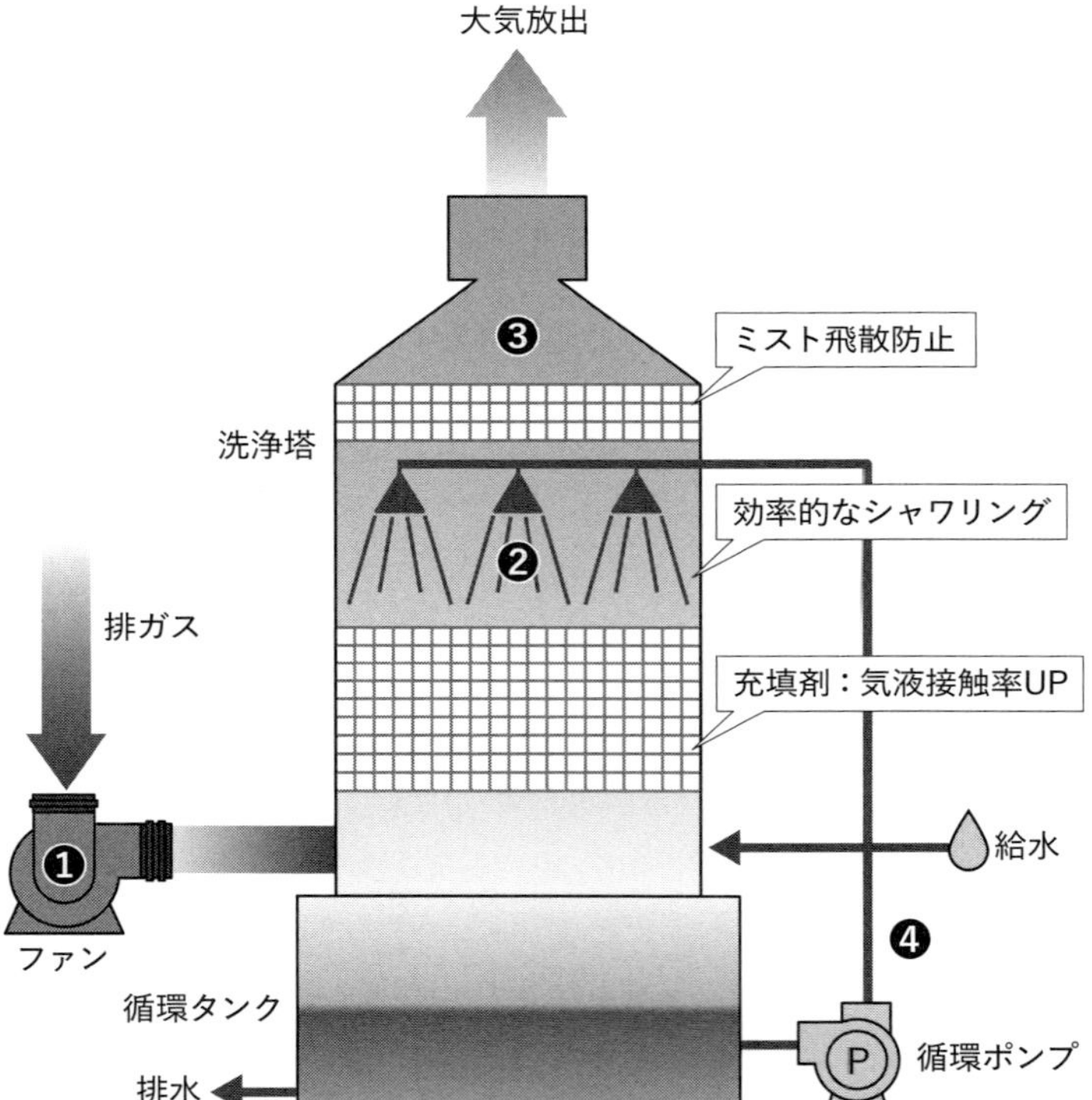

仕組み

①排ガスはファンにより洗浄塔に導入

②洗浄塔内では循環水により水溶性ガスを除去

③ミストセパレータを通りクリーンな状態で大気放出

④循環タンクの循環水を利用し節水

置が導入されている。この3種類の方式により、一つの装置で複数の有害ガスを処理することができる。

中でも、多くの無害化装置メーカーが手掛けているのが燃焼式だ。プロパン、都市ガスなどの燃料ガスに酸素を混ぜて炎を出し、その炎が工場から排出されたガスを燃やして酸化させることで無害化する。

台所の家庭用コンロと同じように、装置の中にはガスバーナーがある。そこから炎を出して、有害なガスを焼いてしまうというイメージだ。

電気式、プラズマ式と比較した燃焼式の大きなメリットは、コストの安さや、運転開始から稼働するまでのレスポンスが早い点だ。

反面、デメリットもある。燃料ガスを燃焼することにより、CO_2・NO_xを大量に排出してしまう点だ。有害なガスを無害化するその一方で、温室効果ガスを排出せざるを得ないからである。また、燃焼式は装置の性質上、爆発性のガスを工場内の配管を通じて送らざるを得ず、危険性は増してしまうのだ。

電気式の仕組み

これまで述べてきた通り、当社では、CO_2を出さない電気式を採用した無害化装置を作り続けている。電気式では、半導体の工場から排出されたＰＦＣガスを次のようなプロセスで処理している。

①前処理として、装置の入り口にある「前段水スクラバー」で、ガスの中の粉塵を洗い落とす。水溶性ガスもここで処理をする。
②ＰＦＣガスの熱処理は「反応塔」と呼ばれる空間で行う。反応塔には、電気ヒーターが設置され、内部はおおむね８００℃以上の高温となる。ここで、熱反応により排ガスを分解する。この時点で毒ガスは、ほとんどすべての人が毎日繰り返し曝露しても、有害な健康被害が現れないと考えられる濃度まで下げられる。
③後処理として、熱反応で出た副産物を洗い落としたり、ガスを冷却したりする。

単に熱処理するだけでなく、前処理と後処理をきっちり行うことで、少ない消費エ

図表｜電気式無害化装置のフロー図※今村の論文より

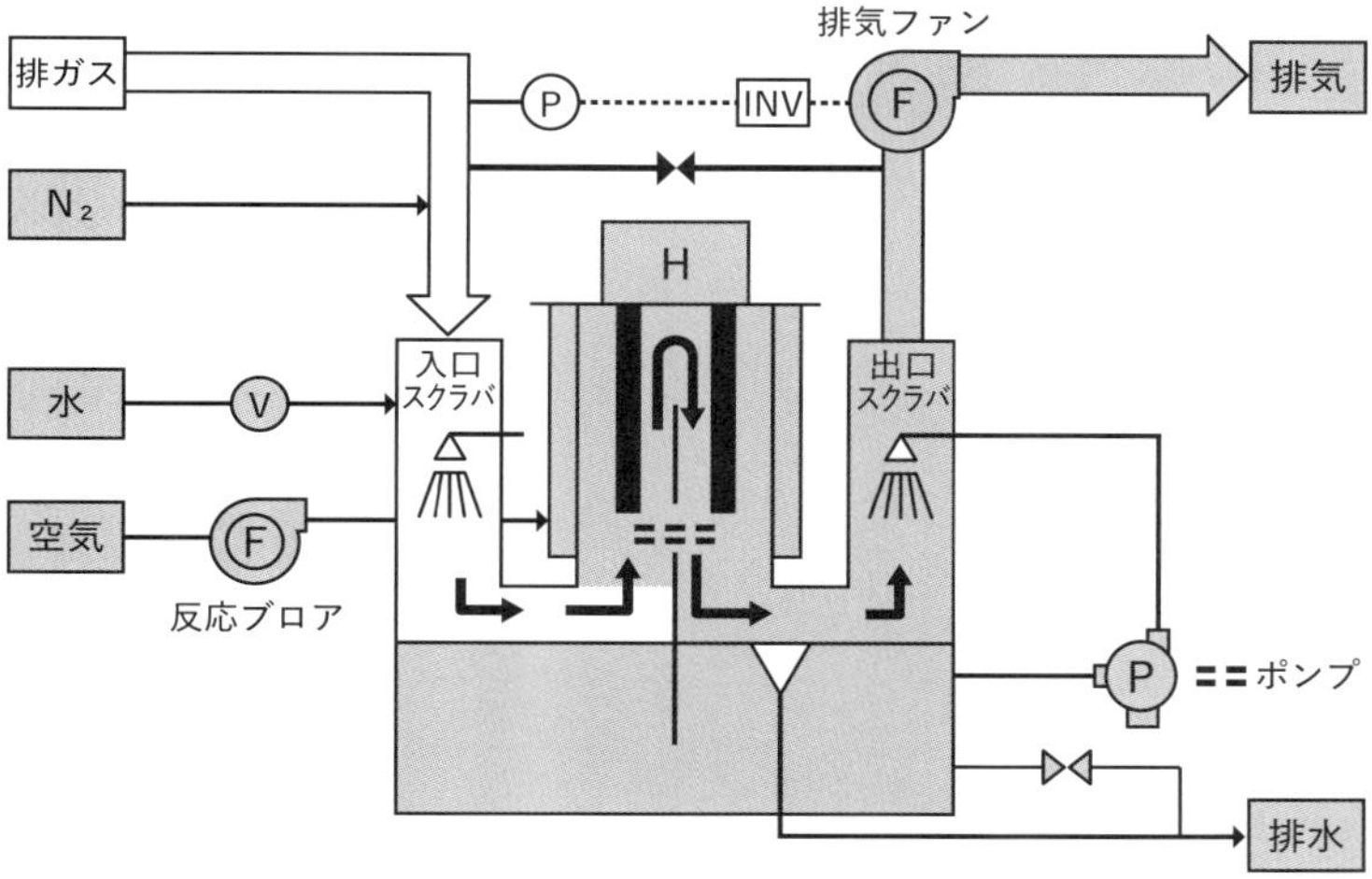

ネルギーで効率の良い処理を実現している。

　高温で処理をする点では、燃焼式と同じである。しかし燃焼式では、処理するべきガスが増えるにつれ、それを燃やす炎も増やしていかなければならない。そうなると、大量の燃料ガスと空気（とりわけ酸素）が必要になる。また、ハロゲン系のガスの無害化も、燃焼式では難度が高い。これらの課題をクリアしたのが、カンケンテクノの電気式装置であるといえるだろう。

電気式のメリット

第2章でも触れたが、電気式のメリットは大きく三つある。

一つは、ガスの燃焼と違い、地球温暖化ガスであるCO_2を排出しない点である。走行中にCO_2を排出しない電気自動車と同様、電気式は稼働中にCO_2を排出しない。

世界を見渡すと、CO_2排出に対する厳しい目は自動車業界だけに向けられているとは限らない。その他の業界の企業に対するCO_2など温室効果ガスの排出規制も、年々厳しくなっている傾向にある。

そうした中、世界各地で進められているのが「排出量取引」だ。これは、各企業が温室効果ガスを排出することができる量を「排出枠」として定め、その枠を超える場合は、排出量が少ない企業から枠を購入することで埋め合わせをするという制度である。

つまり、排出量が少ない企業は、余った排出枠を売却することで利益を得ることが可能になる。逆に、排出量が多い企業は、枠を購入しなければならない。

図表｜温室効果ガスの排出量取引

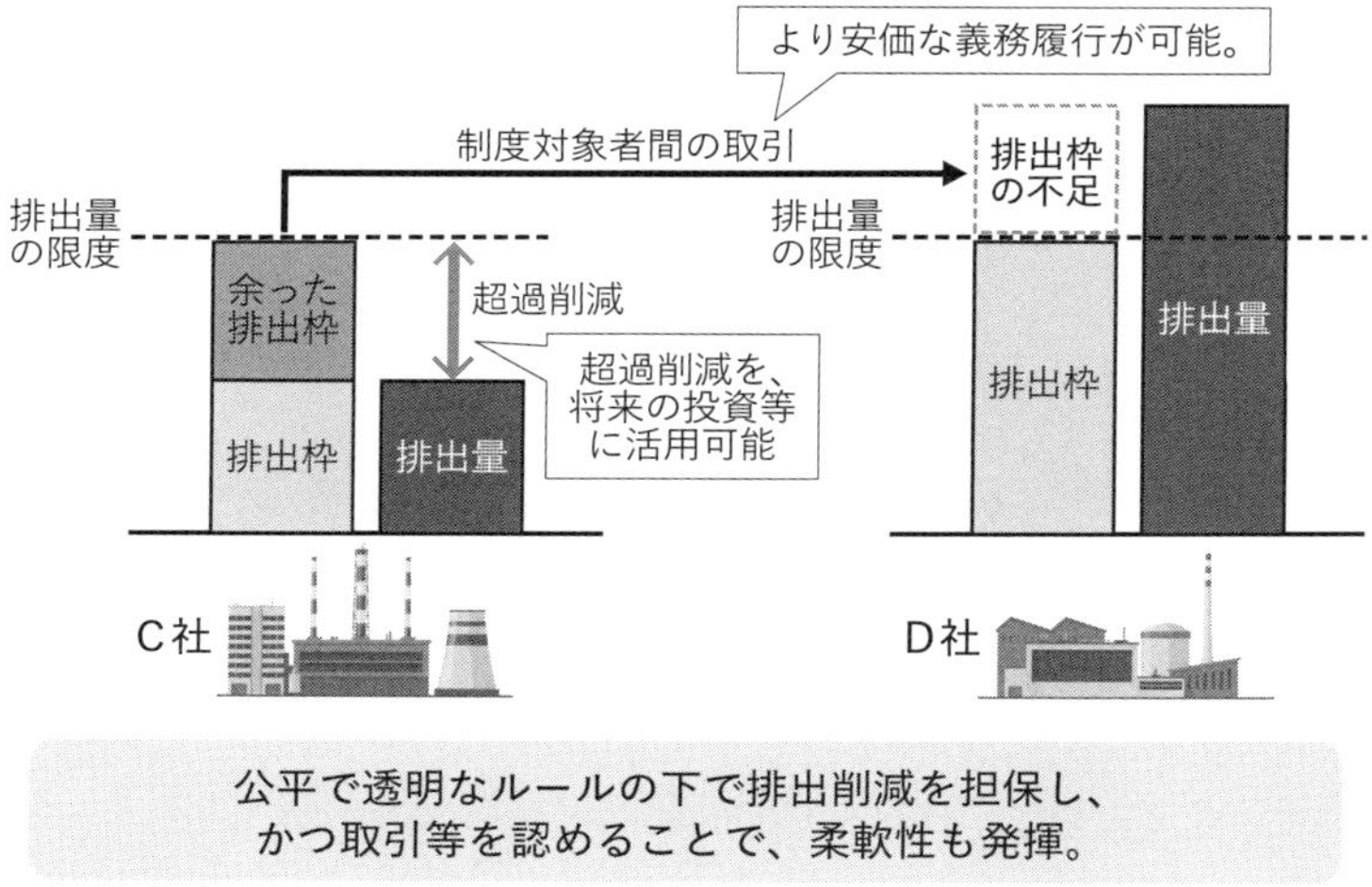

ＥＵがすでに燃焼施設や航空部門を対象に取り組むほか、米国やカナダ・ケベック州、韓国などで導入が進められている。日本では、東京都や埼玉県など都道府県単位ではすでに実施されている地域がある。政府では10年以上にわたり議論されているものの、マネーゲームを助長するといった懸念などから実施には至っていないのが現状だ。

いずれにせよ、温室効果ガスの排出に対する目が厳しさを増す中、企業自らが電化などにより排出を抑える風潮はますます強くなっていくであろう。

二つめは、ボタン一つで作動でき、温度もコントロールしやすいため取り扱いが簡便な点。三つめは、炎を出さないという点だ。半導体の製造においては、わずかなちりやほこりが回路に付着すると、ショートなどの不具合を起こす可能性がある。空気中を漂う微小粒子や浮遊微生物を一定レベル以下に管理し、外からの異物侵入を抑えるよう、高度なコントロールが求められている。

ガスを燃焼するため大型になりがちな燃焼式とは異なり、電気式の装置は炎を出さず簡便なことから小型化も実現できている。小型化されているので、半導体工場のクリーンルームの中に設置し製造装置に直結することで、現場でガスを無害化することができる。

また、クリーンルームは密閉されているので、火を使うことは相当のリスクになるが、電気式ならクリーンルームの中に装置を置いても、火を持ち込むことがないので、安全性が格段に向上するというわけだ。

電気式の開発の歩み

第2章でも触れた通り、私は高度経済成長期の真っただ中で、環境に関する仕事に従事してきた。電気機器産業が元気な時代で、工場が瞬く間に増えていく一方、環境汚染や公害が社会問題となっていた。これらの問題を解消することで、企業の役に立ちたいと考え、創業当初から電気式の無害化装置にこだわり、開発を続けてきた。

電気式は安全性も高く省エネにも繋がるが、コストがかかってしまう。正直、ガス式で燃焼すれば簡単に処理できるのではないか、と自問自答することもあった。

しかし、環境保全のことを考えると、電気式が優位であるのは間違いなかった。燃焼式では大きな装置が必要で、大量の燃料ガスの消費が必要となり、多くのCO_2を排出することになる。それゆえにヒーター方式にカンケンテクノの命運を託し、ヒーターの開発と高温に耐えうるコンパクトな装置の製作を進めていった。

そして１９９３年に、カンケンテクノの電気式装置「ＫＴ１０００シリーズ」の販売を開始する。その後も、様々な改良を繰り返しながら、処理できるガスの種類を増やしたり、処理効率を上げたりして、様々なシリーズ商品を送り出してきた。

ちなみにKTとは、「カンケンサーマル」(Kanken Thermal、サーマルは英語で熱の意味)の頭文字を取ったものである。

2002年には、半導体のエッチングで発生する六フッ化硫黄(SF_6)、四フッ化炭素(CF_4)を無害化できる「KT1000EX」を製品化。この装置は、電気ヒーターで1400℃まで出すことができ、さらに幅広いガスにも対応できるようになった。

CF_4は、PFCガスの中でも特に原子同士の結びつきが強く、分解するのが難しいとされる物質である。それだけに、このガスをどれだけ分解できるかというのが、装置の性能のバロメーターとなり、営業担当者がデバイスメーカーなどに売り込む際のセールスポイントとなった。

このKT1000EXの登場で、CF_4を分解する能力は格段に向上。ユーザーの方々からも高い評価をいただいた。

2022年時点でカンケンテクノのWebサイトに掲載しているKT1000シリーズは4種類。中でも、「KT1000MFS」は、水、電気使用量を削減する省エネモードを標準搭載。環境への優しさをとことん追求した商品だ。

「KT1000EPS」は、危険極まりない高濃度水素ガスの処理にも対応。電気式だからこそ、安全な処理を実現可能とした。環境保全への配慮も怠らず、可燃性ガスを処理する際は、ガス自体が燃焼する性質をフルに活用し、ヒーター出力電力は極限まで下がる。

ＩＰＣＣのガイドラインで認められる

一連の開発と並行して、電気式のガス処理が国際的なお墨付きを得た。気候変動に関する政府間パネル（ＩＰＣＣ）の２００６年ガイドラインにおいて、電気式がＰＦＣガスの無害化の方法として正式に認定されたのである。

ＩＰＣＣとは、地球温暖化についての科学的な研究について考察する国際学術機関。その活動の一環として、半導体業界に対して、ＰＦＣ排出量の計算方法などについてのガイドラインを策定している。

２００６年改定前までのガイドラインでは、電気式については数百度くらいまでしか発生できないと見なされ、ＰＦＣの無害化能力はないとして、無害化装置から除外されていた。

しかしこの当時すでに、カンケンテクノは前項で触れたように1400℃の高温領域まで応用可能な製品を実現し、ガイドラインと事実において食い違いが見られていた。

ＰＦＣガスの中で最も分解が難しいCF_4の無害化は、ヒーター式では不可能だと考えられていた。ところが、カンケンテクノが独自のヒーターを開発したことにより、CF_4の分解が可能となった。カンケンテクノの一連の技術開発が考慮されて、ＩＰＣＣのガイドライン改正で電気式が認められることになったのではないかと、私自身は考えている。

環境に配慮しつつ、工場から排出される多様なガスを処理できる電気式の無害化装置を製品化したカンケンテクノは、さらなる利便性を追求した。これまで以上に多くの種類のガスを一度に処理し、2~3時間かかっていた温度上昇までの時間の短縮を図ろうと、研究を重ねていった。

そこで開発されたのが、次に紹介する「プラズマ式」である。

プラズマ式の登場

プラズマ式の仕組み

プラズマ式は、次のような方式で処理をする。

①前処理として、装置の入り口にある「前段水スクラバー」で、ガスの中の粉塵を洗い落とす。また、水溶性ガスもここで処理をする。

②ガスの熱処理は「アークプラズマ熱」で行う。プラズマを励起することにより、極めて狭い空間に高エネルギーを集中させ、局部的に３，０００万℃以上の超高温の状態をつくり出す。ここで、熱によりＰＦＣガスを分解（破壊）する。この時点で毒ガスは無害化され、ほとんどすべての人が毎日繰り返しガスを曝露しても、有害な健康被害が現れないと考えられる濃度まで下げる。

③最後に後処理として、熱反応で出た副産物を洗い落としたり、ガスを冷却したりする。

高温の状態をつくっていた電気がプラズマに替わっただけで、根本的な処理の手順は電気式と同じだ。

プラズマトーチ（電極）の中の放電は、熱電子を大量に放出し、光の放射が強い「アーク放電」で行われている。いかに高い温度の状態をつくり出しているかがわかるであろう。

プラズマは固体、液体、気体とは別の「第４の状態」といわれる。自然現象であれば、雷やオーロラなどが該当する。身近なところでは、蛍光灯は放電によって蛍光管の中をプラズマ状態にして発光させる仕組みを応用している。

あらゆる物質は、分子から構成されており、分子は原子という単位が組み合わさってできている。原子はさらに原子核と電子に分けることができる。

固体、液体、気体の状態では、原子核の周りを電子が整然とくるくると回っている。しかし、気体の状態で熱や電気エネルギーを加えると、電子が軌道から外れ、この不安定な状態をプラズマと呼ぶ。プラズマは、固体や液体、気体に比べ化学反応しやすい状態にあり、短時間で高温状態をつくり出すことができる。この性質を応用したのが、プラズマ式におけるＰＦＣガスの分解化装置である。

少々難しいかもしれないが、装置の中でプラズマを起こし、それによって高温の状態をつくり出すことで有害なガスを処理すると考えていただければ結構である。

プラズマ式の量産化に初めて成功

プラズマ式の特徴は、短時間で高温状態をつくり出す点、その高温が３，０００℃以上という想像を絶する温度だという点、その超絶な高温であるがゆえに、様々な種類の排ガスを容易に無害化できる点である。また、原子同士の結びつきが強く、分解（破壊）するのが難しいCF_4も分解（破壊）できる。

さらに、装置を温める必要がないことから、起動と終了にかかる時間はわずか数秒で済み、メンテナンス頻度も低い。

大きさは電気式と同様小型で、半導体工場のクリーンルームの中に設置して、製造装置に直結することで、現場でガスを無害化することができる。使用方法が簡易な点も電気式と同じだ。

さらに従来の装置では、ガスの分解後、副産物が装置内に付着するという課題があったが、当社の装置では、装置内部の壁に常時水を流し、副産物が付着しにくい構造とした。例えば、シラン（SiH_4）というガスを無害化すると二酸化ケイ素（SiO_2）という粉体が発生し、容器内部で粉体化するのだが、二酸化ケイ素を洗い流すことで、内部で滞留しないようにしている。


当社は、プラズマ式の分解化装置の量産化に世界で初めて成功した。その最初の量産機が、２０１２年に出した「KPL-C13」シリーズである。ちなみにＫＰＬは「カンケンプラズマ」（kanken plasma）の略である。

そして２０１３年、当社のヒット商品となる「KPL-C13u」「KPL-C13u-W」を発売した。

当社にとって絶対の自信を持つプラズマ装置でも、デバイスメーカーにとっては海の物とも、山の物ともつかぬ機械である。そのため、まずは評価機として1年間使っていただき、性能について判断していただくこととした。

結果は大成功。次々と受注が舞い込み、爆発的に売れていったのだ。

ＫＰＬシリーズは、今や当社にとって押しも押されもせぬ主力商品となった。リリースしてからこれまでに、約３７００台を国内外の半導体工場や液晶工場などの生産現場に納品している。

KPL-C13u

プラズマ式1台で1日当たり１０００ℓのCF_4を無害化し、無害化率をかなり低く見積もって90%とした場合でも、年間に無害化する量は１０００ℓ×３６５日×90%で32万８５００ℓ。CF_4はCO_2の５７００倍の温暖化を進める効果があるので、CO_2換算で年間約１８７ｔの温室効果ガスを除去する効果がある。

これまでに約3700台売れているので、国内外の装置すべての温室効果ガス除去量は毎年69万1900tという途方もない数字となる。

さらに進化していくプラズマ式

現状に甘んじることなく、カンケンテクノはさらに高効率で、様々な排ガスを無害化することができる装置の開発に努めている。

近年注目を集めたのは、希釈N_2を無くすことで、これまで以上に環境に優しい処理を行うことに成功したことである。この研究は、東京大学大学院工学系研究科の一木隆範教授の研究成果を基に、科学技術振興機構（JST、本部・東京）の委託を受けて取り組んだ。

半導体やフラットパネルディスプレイ、太陽電池などの製造工程では、水素ガスやシランガスのように可燃性を持つ危険なガスが排出される。これらのガスは、空気に触れると爆発して大変危険なため、大量の窒素ガスで薄めて高温処理をしている。中でもシランガスの場合は、75倍の窒素で薄めて処理をしている。

窒素ガスで薄めることでガスの量は増大し、その分無害化装置の稼働時間も長くなることで多くの電気を消費する。これまでも、反応塔やプラズマトーチの改良などにより処理の効率化を図ってはいたものの、さらに抜本的な省エネルギー化を実現できないかと考えるようになった。

そこで、処理装置内を開発・改造して、ガスが爆発しない環境をつくり上げ、窒素ガスで薄める必要をなくした。

また、プラズマトーチ内で発生させるアークプラズマについても、安定して発生させる最適条件を発見。これにより、同様の処理を可能とした。

その結果、処理する窒素ガスの量は、シランガスの場合で50分の1から１００分の1に減らすことに成功。処理にかかるエネルギー量を75％削減できることとなった。もちろん、窒素ガス代の節約にもなる。

この研究について、ＪＳＴがプレス発表すると、すぐに各方面から反応があった。その中には、大手半導体メーカーからの電話で、「ぜひ詳しく話を聞きたい」というありがたい連絡もあった。

技術開発に終わりはないとよくいわれるが、環境工学や地球環境に関する装置ならなおさら終わりがあってはならない。これまでの技術や装置、研究に満足することなく、さらに高みをめざしたいと考えている。

その他のカンケンテクノの様々な開発技術

処理方法の異なる多彩なラインナップ

温室効果ガスなどの排ガスを処理する装置で国内48％の売上シェアを占め、トップシェアを誇る当社だが、それ以外でも地球環境保全に貢献する様々な装置やプラントを製造している。

ガスの無害化装置では電気式、プラズマ式以外にも、乾式のＫＤシリーズ、湿式のＫＷシリーズ、触媒式のＫＣシリーズと様々な処理方法の装置をラインナップ。多様なニーズに対応するようにしている。ちなみにＫＤはカンケンドライ（kanken dry）、ＫＷはカンケンウオーター（kanken water）、ＫＣはカンケンカタリスト（kanken catalyst、カタリストは英語で触媒の意味）である。

中でも、排ガスの処理装置と並び主要な事業となっているのが、プラント事業だ。塗装工場や印刷工場などで発生し、光化学オキシダントなどの原因となる揮発性有機化合物（ＶＯＣガス）の処理に取り組んでいる。ＶＯＣガスは、大気中でガス状になる性質を持ち、光と反応すると光化学オキシダントを発生させてしまう。塗料、印刷のインク、接着剤、洗浄剤などに含まれている。

大気中の光化学オキシダント濃度が高くなると、もやがかかったように空がかすんでしまう。人体に対しては、目や喉に刺激を与え、目がチカチカしたり、喉が痛くなるなどの健康被害を引き起こすことがある。植物の生育にも悪影響を与えるという。

当社では、ＶＯＣガスをはじめとした有害物質を無害化するためのプラントも取りそろえる。排ガスを高濃度に濃縮し、高温で処理する方法など様々な無害化の方法を技術開発し、事業内容に最適な処理方法を提案している。

中でも「固定濃縮式ＶＯＣ処理装置」は当社独自の方式であり、市場を拡大している。

一般的に希薄なＶＯＣが排出される工場においては、これを処理するために少なくとも８００℃以上までにＶＯＣを含むガスを高温化して処理することが必要となる。これではもともと無害であるＶＯＣ以外のガスも高温化することとなり、無駄な熱が大量に必要となってしまう。ここで、ＶＯＣを吸着させて濃縮し、高濃度化したＶＯＣだけを燃焼させる方式が、濃縮ＶＯＣ処理法である。この濃縮方式に対して、ローター式という回転型に吸着剤を配備して、濃縮分離を繰り返す方式が開発されていた。しかし、このローター方式を当社でも製品化したが、様々な課題があった。そもそもローターに含まれる吸着材は部分的には劣化するがそれを交換するのに形状の大きなローター全体を交換せねばならない点である。次に、ローターでの濃縮倍率は10～20倍程度が限度であり、希薄なＶＯＣ濃度の排ガスには向かない点であり、さらに除去率が99％以上必要な場合には、何層にもローターを組み合わせるなどの工夫が必要になる点である。これらを一挙に解決する手法として、当社では独自の固定濃縮式を開発した。

これは文字通り、高濃度に吸着材を配備した固定層を切り替え式で使うことにより、吸着剤の部分的交換を可能とし、低濃度のＶＯＣを高精度で吸着できるものである。これにより、極めて濃度の薄いＶＯＣを高効率で吸着し、自然可能な濃度まで濃

VOC処理プラント装置

縮することで、少ない熱でＶＯＣ処理を可能にした。エネルギーの節約に繋がることはもちろん、施設の省スペース化にも繋がり、日本、中国を中心に設置が進んでいる。

それ以外にも、有機溶剤を処理し、酸性やアルカリ性の排水を中和するなど、多岐にわたる役目を持つ装置を製造。印刷工場や食品工場、医療・製薬関連の工場など、様々な場面に導入されており、有害ガスのゲートキーパーの役割を担っている。

地産地消のアフターサービスをめざす

装置の開発だけでなく、設置後のアフターフォローにも力を入れている。装置を売りっぱなしにするのではなく、定期的にメンテナンスを実施し、温室効果ガスなどを確実に処理できるようにするのと同時に、工場の安定稼働を支援している。

無害化装置は、様々なパーツから構成されている。

当社は1978年の創業後、新潟県新井市（当時、現・妙高市）に新潟営業所、富山県魚津市に魚津営業所、富山県砺波市に砺波営業所を相次いで開設した。いずれもLSIなどの半導体を製造していた松下電子工業の北陸工場のそばにあり、工場に設置した無害化装置のメンテナンスに即応するためであった。

現在、国内だと北は北海道から南は宮崎県まで、全国各地に事業所を設けている。多くは半導体工場などの近くにある。

カーボンニュートラル社会に向けて環境への関心が高まりを見せるのに伴い、当社の無害化装置の数も加速度的に増えている。例えば、国内有数の規模を持つキオクシアの四日市工場だけでも、当社の無害化装置が1000台も導入されている。年1回メンテナンスをするとして、1日当たり3台を無休で点検しないと追いつかない計算となる。

排ガス処理装置は、10年以上の長期にわたるサポートが求められる。需要拡大が加速する中、期待される高水準のクオリティーを提供するため、今まで以上にアフターフォローに注力しなければならない。それを実現するには、装置を多く導入している工場のそばに拠点を設けるのがいちばん早いのだ。

最近では、熊本県にＴＳＭＣの半導体工場が建設されるのに伴い、当社も県内玉名市に新工場を設立した。熊本県にはソニーの半導体工場があり、すでに近くに出張所を設けているが、ＴＳＭＣのニーズに対応できるようにするためである。

海外を見ても、ＴＳＭＣの本拠地である台湾には複数の出張所を設置。中国の北京カンケンテクノにおいても、需要増に対応するために現地の社員数を増加し、メンテナンスに対応できる人材育成の強化に取り組んでいる。さらに、ＴＳＭＣの米国進出に合わせて、カンケンテクノもアリゾナ州フェニックスに子会社を設立した。

電気式やプラズマ式など、排ガスの無害化装置がどんなに高性能で画期的であったとしても、ユーザーに必要とされて初めて価値が生まれる。装置の切り売りだけでは、顧客との繋がりは一時的なものとなり、ユーザーに寄り添ったメンテナンス体制こそが、信頼が生まれる源泉である。

国内だけでなく、世界各地でアフターサービスを充実させることで、カーボンニュートラル社会に貢献していきたいと考えている。

顧客や研究者の評価と期待

キオクシア四日市工場

カンケンテクノの無害化装置を採用することで、厳格な環境基準を守りつつ高い生産力を維持し、日本の産業と地球の環境保全に貢献している工場を紹介したい。

日本を代表する工業都市・三重県四日市市。市の中心部から車で30分ほど走った内陸部に、キオクシア四日市工場がある。

キオクシアのルーツは、総合電機メーカーの東芝の半導体メモリ事業。2017年に分社化され、2019年に東芝メモリから現在の社名になった。

社名の由来の一つが日本語の「記憶」であることからもわかるが、パソコンやスマートフォンなどの情報機器やデジタル家電に内蔵されてデータを記憶する半導体メモリ製品を製造。２０２０年のフラッシュメモリは出荷ベースで世界の2割のシェアを占め、第2位の規模を誇る。

そんなキオクシアの主力量産拠点の一つが、四日市工場である。69万４０００㎡の広大な敷地に、巨大な白亜の建屋がいくつも並ぶ姿は、まさに圧巻。９０００名近い従業員が働いており、世界最大級の工場だ。

四日市工場には七つの製造棟が建っており、それぞれ空気がきれいに保たれた上下2層構造のクリーンルームを有している。クリーンルーム内には、３次元フラッシュメモリなどの製造装置が整然と並んでおり、その一つ一つに無害化装置が取り付けられている。

カンケンテクノは、２０２４年9月末現在で約２３００台の無害化装置を、四日市工場を含めキオクシアグループに納入している。もちろん、競合他社と比べても破格の納入台数である。

工場から車で10分ほどのところには、カンケンテクノのサービスセンターがある。そこには社員50人が所属しており、日夜無害化装置のメンテナンスに励んでいる。

旺盛な需要に応えるため、フラッシュメモリの製造は24時間、365日絶え間なく続けている。そのため、メモリの製造装置1台につき、無害化装置は2台付いていることが多い。仮に片一方がメンテナンスやトラブルで停止したとしても、もう一方がバックアップとして稼働することで、よどみなく生産を続けることができるのだ。

もし無害化装置にトラブルが起きて、製造装置が止まってしまった場合、工場が受ける損失は計り知れない。その点で、プレッシャーのかかる仕事だ。無害化装置の安定運転の先には、工場の生産ラインの安定稼働がある。フラッシュメモリの製造装置を止めないことこそ、私たちの使命なのである。

四日市工場にカンケンテクノの装置が初めて入れられたのは2005年で、それまでの別メーカーの燃焼式から置き換わる形だった。

後述するように古くから環境に対する意識を持っていた四日市工場では、燃焼式よりクリーンな電気式に切り替えることを模索していた。無害化装置の性能向上により、ヒーターでも工場の基準を満たす有害物質の除去ができるようになり、晴れて導入が実現したのだ。

当時工場が自ら課していた除去率は95%。性能だけでなく、コスト面でも満足いただくことができた。

現在の主力装置であるプラズマ式の量産は、四日市工場なくしては実現できなかったと言っても過言ではない。

プラズマ式を開発するやいなや、モニター機を四日市工場に置かせていただき、商品化に向けての課題を指摘してもらった。

法律で定められた環境基準よりも厳格な四日市工場の基準を上回るスペックを達成

KPL-C13uW

しなくては、世に出すことはできない。社員たちは、毎日クリーンルームに通い続け、無害化装置に張り付いて性能を確認していた。「ガッツのある会社だ」と、半分あきれた感情の入ったお褒めの言葉をいただくこともあった。

モニタリングは1年ほど続いた。そして2012年12月、量産機「KPL-C13」シリーズのリリースに至ったのである。

その後も、ことあるごとにキオクシアにはモニター機、評価機を置かせていただいている。カンケンテクノにとって、切っても切れない強い絆が構築されていると感じている。

厳しい環境基準

キオクシアでは、環境に対する意識が高いことで知られている。2011年には、PFCガスを破壊（分解）する装置を対象設備に100％設置。気候変動および環境配慮を重点課題に定め、積極的に取り組みを進めてきた。

四日市工場をはじめとした国内グループの製造事業所では、工場から出る大気や排水、騒音などの管理が厳密だ。規制の対象である窒素酸化物（NO_x）、硫黄酸化物（SO_x）、全窒素（T－N）、全リン（T－P）、化学的酸素要求量（COD）、浮遊物質量（SS）、フッ素（F）、水素イオン指数（pH）については、24時間連続で自動監視している。

大気、排水、騒音の規制も法律より厳しい自主基準を設け、日常的に管理。例えばNO_xの場合、大気汚染防止法では130㏙（㏙は100万分の1）と定められているところ、自主管理値では72㏙に設定。SO_xは同法で1・2Nm^3/h（Nm^3/h は標準大気圧・0℃のときの1時間当たりの排出量）のところ、0・01未満の自主管理値を設けている。

もちろん、自主管理値を大幅に下回る実測値を出しており、2021年度の平均値でNO_xは40㏙、SO_xは0・01Nm^3/h を達成している。

水に関しては、大気とは違い限りある資源であることから、水質だけでなく再利用にも力を入れており、90％を超える回収率を達成。国内グループの製造事業所のリサイクル実績は約3億㎥にものぼるという。

環境に対する取り組みは、東芝時代から強力に進められてきたという。高度経済成長期に四大公害病の一つに数えられた四日市ぜんそくに悩まされてきた土地柄という背景はあるだろうが、それ以上に持続可能な社会の実現と企業価値の向上をめざしているところが大きいようだ。

他にも、社員の取り組みとして様々な環境活動や地域貢献活動に取り組んでいる。四日市工場では、2008年よりペットボトルのキャップを集め、エコキャップ推進協議会を通じて発展途上国の子ども向けワクチンを寄付する活動に取り組んでいる。工場内にキャップの回収ボックスを設置し、従業員から集めている。ペットボトルキャップは、約500個につき1人分のポリオワクチンに交換することができるという。NPO法人から賞をもらうなど、草の根の取り組みは外部機関にも認められており、今も多くの社員によって続けられている。

他にも、近隣の小学生を対象にした環境学習講座の開催、「フクロウ保護プロジェクト」への参画などの取り組みを進めている。

また、気候変動への取り組みを経営の最重要課題の一つと位置付けており、202

３年４月13日には、今後の目標を明文化した「気候変動への対応方針」を公表。事業活動と製品のライフサイクルの両面から、温室効果ガス排出と事業で使用するエネルギーの削減を目指している。

２０２２年10月、四日市工場内に新たな生産施設として第７製造棟が稼働を始めた。建屋面積は２万㎡。７階建ての巨大な建物で、２層構造のクリーンルームを持つ。次世代のフラッシュメモリの生産に対応しており、工場全体の生産能力は１・３倍に増強された。

今後の生産を担う最新設備の工場にも、環境への配慮がふんだんに盛り込まれており、屋上部分にはＶＯＣの集中除去装置を設置している。

電子機器の高機能化や多様化により、世界中で生成されるデータ量は増加の一途をたどっている。それにより、メモリ製品の需要は増加すると見込まれている。

今後も環境に配慮しながら成長を続け、人々の暮らしを豊かにする社会のデジタル化に貢献していくことであろう。

Column　担当者が語る期待と課題

キオクシア ファクトリー技術担当の米澤輝彦部長に、カンケンテクノに対する期待と課題を聞いた。

―カンケンテクノ製品の評価できる点は

コスト面とトラブル率の低さ、自発的なメンテナンスを高く評価している。

有害物質の無害化装置は工場になくてはならないものだが、営利企業である以上、各社のコスト面も比較して採用を決めている。コストを抑えることで、製品の価格も下げることができる。

カンケンテクノの装置は他社と比較してもコストを抑えることができる。もちろん、我が社が求める性能を満たしていることが前提となる。

工場は、24時間365日動いており、製造ラインを止めないことが至上命題。その点、トラブル率の低いカンケンテクノの装置には重宝している。

また、カンケンテクノのように自発的に機械のメンテナンスに来てくださっている会社は他にはない。フットワークの軽さには本当に頭が下がる思いだ。

——要望は

無害化装置を効率的に動かすことができるよう、消耗部品の長寿命化などにさらに力を入れてほしいと考えている。

プラズマトーチの場合、現状では3カ月に1回交換しているが、消耗しやすい部品であることを差し引いても、寿命が短いと言わざるを得ない。せめて1年に1回くらいの交換を実現していただき、工場の効率的な稼働に貢献していただきたいと考えている。

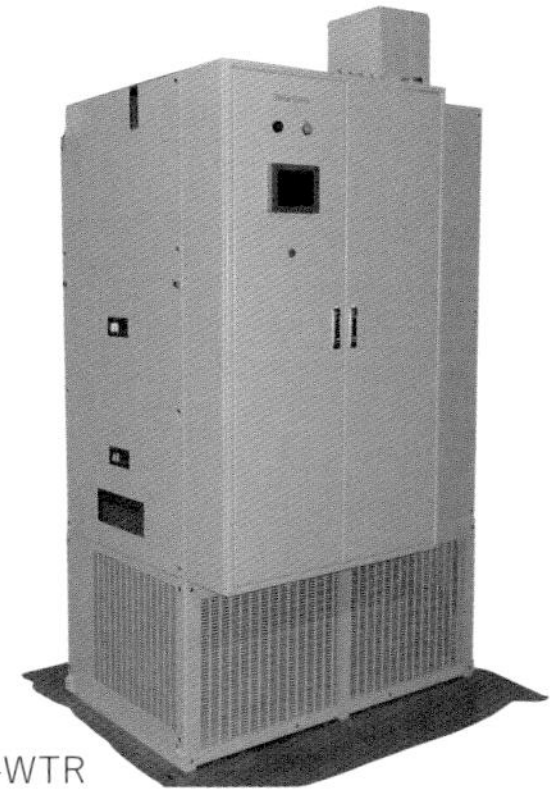

KPL-WTR

また、電気式の除害化装置を立ち上げる際、温度を高温域に上げたり、逆に常温に下げたりするまでに6時間ほどかかっている。特に温度を早く下げることができれば、メンテナンスに掛ける時間を節約できるので、そこを期待したい。

また、除害化装置に省エネモードを付けていただければ、さらに効率的な運用ができると思う。

――当社への期待があればお願いします

カンケンテクノさんには、性能面だけでなく、ランニングコストや装置の設置スペースなど、様々な無理なリクエストをさせていただいている。

工場では、原材料や製品の種類によって発生するガスが異なる。今後新しいメモリを生産するにあたって、思いもよらないガスの無害化をお願いするかもしれない。これからもハイスペックな装置を開発し続けていただき、当社の生産を縁の下で支えていってほしいと思う。

カーボンニュートラル社会に向けた取り組み

待たれる再生可能エネルギーの普及

地球環境への関心が高まるにつれ、地球温暖化の防止に貢献するカンケンテクノの無害化装置は、ありがたいことにますますニーズが高まっている。

２０１５年、気候変動に関する国際的な枠組みであるパリ協定が締結され、カーボンニュートラルが世界共通の目標となった。さらに２０２０年には、日本は２０５０年までにカーボンニュートラルをめざすことを国の目標として掲げた。

この潮流の中で、温室効果ガスの排出削減に向けた動きが鈍化していくことはまず考えられない。それよりもむしろ、排出規制はさらに厳しくなるのではないだろうか。

日本をはじめ、世界が脱炭素に向けてかじを切っている。そんな中、ＰＦＣガスなどの温暖化の原因となる排ガスの処理においては、工場などの生産現場から排出されるCO_2の削減貢献という点で、ガス燃焼式に比べ電気式やプラズマ式がより貢献できる。

さらに、パリ協定の締結など、カーボンニュートラル社会に向かう世界の流れが加速化していく中、電気式やプラズマ式の需要はさらに高まっている。ソニーセミコンダクタソリューションズやキオクシアなどの半導体メーカーは、軒並みCO_2排出削減目標を数値化し、Ｗｅｂサイトなどで公表している。この目標を達成すべく、半導体の生産工場で排出するＰＦＣガス処理についての相談がひっきりなしに寄せられている。

それ以外にも、ＰＦＣガスの処理とは無縁とされてきた電子部品や材料メーカーでも、無害化装置の設備投資が盛んになってきている。当社にも、これまで取引のなかった会社から問い合わせが数多く寄せられている。

今後期待されるのは、再生可能エネルギーの普及による完全ゼロカーボンの無害化装置である。

カンケンテクノの電気式、プラズマ式の無害化装置は電気を使用するため、生産現場ではCO_2を排出しない。しかし、化石燃料で電気をつくっている火力発電ではCO_2が発生している。

そこで、太陽光や風力などの再生可能エネルギーからつくられた電気を無害化装置に利用すれば、CO_2の排出量をゼロにすることができる。

カーボンニュートラル社会において、半導体工場をはじめとする国内外の生産現場で、完全ゼロカーボンの無害化装置が稼働する――そんな時代が訪れることを願ってやまない。

待たれる再生可能エネルギーの普及

２０２０年頃から、世界は半導体不足に見舞われている。ゲーム機やパソコン、エアコンなどの家電製品が品薄の状態が続き、自動車業界は大手メーカーが減産を余儀なくされ、注文しても納車がかなり先という事例も多く見られている。

半導体不足は、新型コロナウイルスの感染拡大がいちばんの原因としてしばしば挙げられるが、実際には複合的な要因で発生している。

半導体業界では、そもそもコロナ禍前から生産能力の拡張が需要の拡大に追いつい

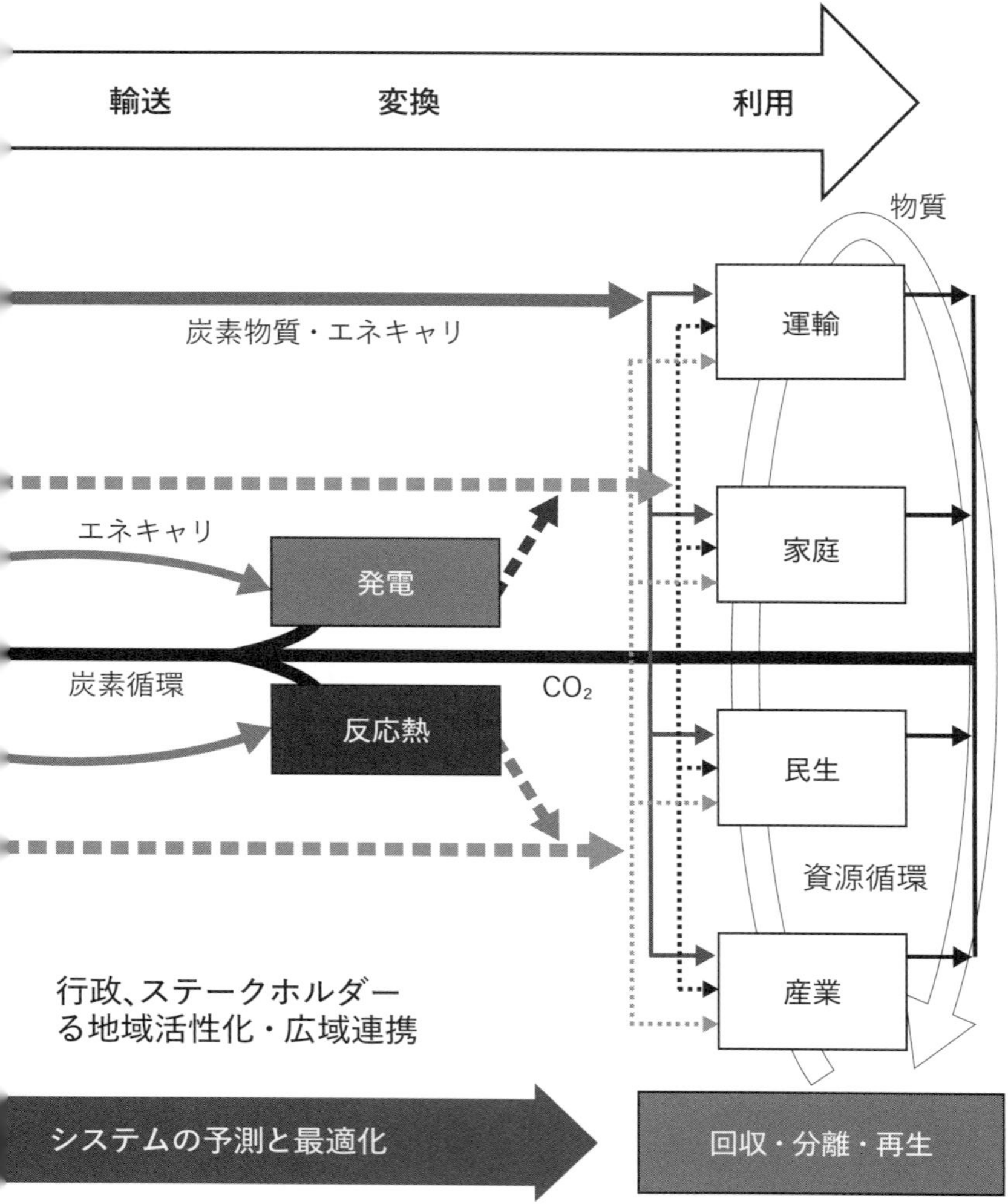
輸送
変換
利用
物質
炭素物質・エネキャリ
運輸
エネキャリ
発電
家庭
炭素循環
CO_2
反応熱
民生
資源循環
行政、ステークホルダー
る地域活性化・広域連携
産業
システムの予測と最適化
回収・分離・再生

図表｜ゼロカーボンエネルギーへの取り組み

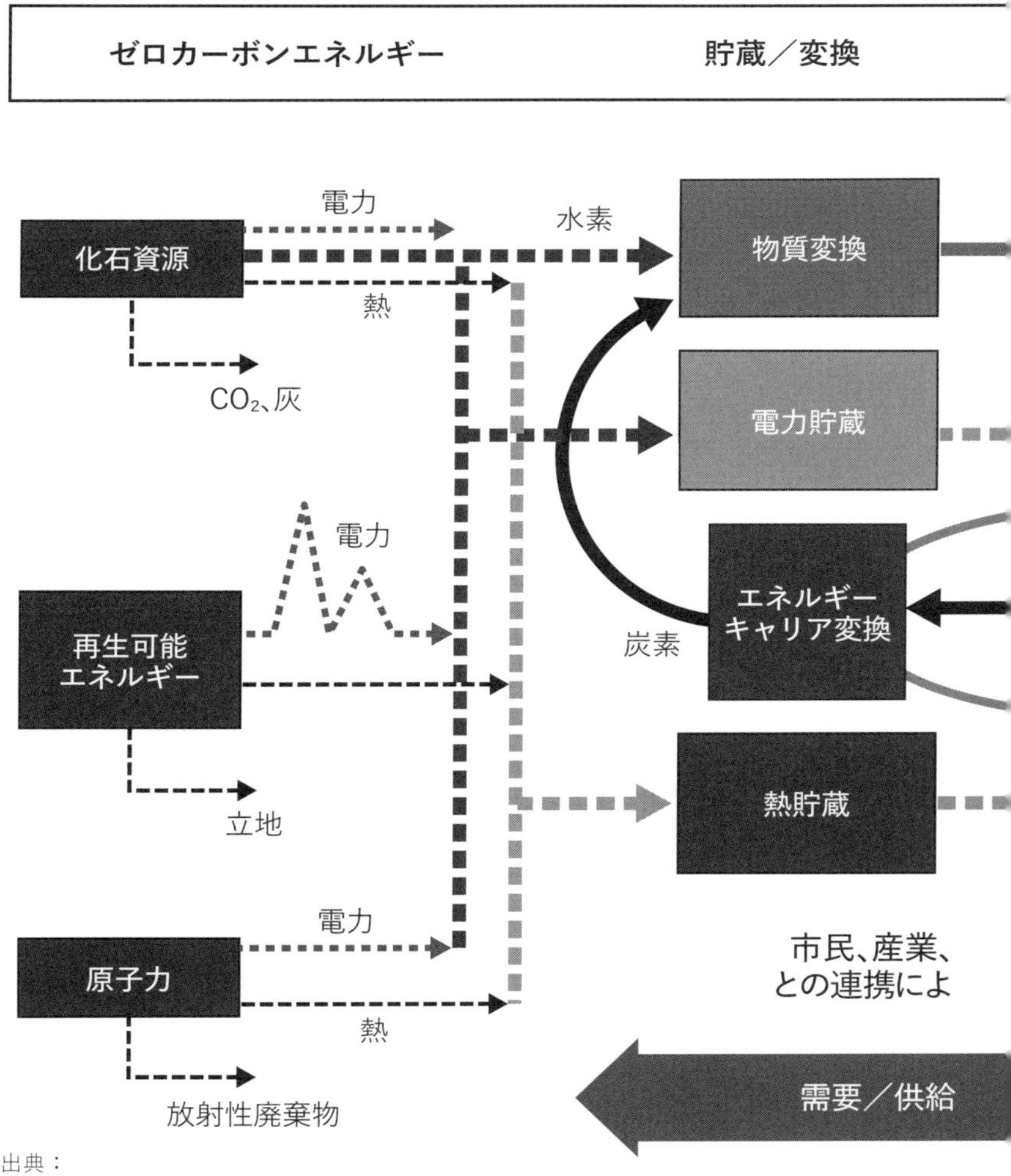

出典：

ておらず、品不足の兆しが見られていた。さらに、トランプ政権下の米国と中国の間で半導体摩擦が激化しており、米国は、中国への技術移転を制限するために中国企業との取引を停止し、供給不足に拍車を掛けることとなった。

需要面でも、コロナ禍によるテレワークの急速な普及や巣ごもり需要の拡大で、パソコンやテレビに搭載される半導体が不足し始めた。さらに半導体不足の波は、ＩｏＴ化が進む自動車などにも波及していった。

半導体業界では、世界的な品不足を緩和するために設備投資を強化。それに伴い、無害化装置の需要も拡大するに至った。

カンケンテクノでも、新規販売台数が高水準で推移した。各メーカーの環境意識の高まりにより高水準の装置の注文が相次ぎ工数が拡大したこと、さらにはコロナ禍により一部の部品に不足が発生したことから、生産が追いつかない状況となっていた。

このような状況から、コロナ禍前の２０２０年に本社横に研究開発の拠点として開設した「Ｒ＆Ｄセンター」をフルに活用するほか、各生産拠点間の人員、物流の融通などを通じて、生産体制の強化を進めているところだ。

半導体は「産業のコメ」と呼ばれるほど、今や社会生活に欠かすことのできないものとなっている。半導体の安定供給に貢献することは、地球温暖化の防止とともに、カンケンテクノの社会的使命の一つだと考えている。

第4章
カーボンニュートラル社会に向けた展望
―― 未来へのメッセージ

持続可能な社会とは

衣食足りて礼節を知る

ここまで、地球を取り巻く温暖化の問題と世界人類がめざすカーボンニュートラル社会について説明し、温暖化防止に貢献するものづくりを進めてきたカンケンテクノの歩みと技術を紹介してきた。

カーボンニュートラルがコミットされ、地球環境が適切に保全された先にあるものとして、近年「持続可能な社会」という言葉がよく使われる。

では、持続可能な社会とは、具体的にどういう社会を意味するのだろうか。「社会」で考えてしまうと漠然とし過ぎるので、「家庭」という身近な単位で考えてみたい。

家庭を持続させるには、まずは構成員が仲良く暮らさなくてはいけない。修復不可能な夫婦の亀裂や親子のいさかいは、間違いなく家庭を崩壊に導いてしまう。互いの個性を尊重しつつ、ある程度同じ価値観が共有されれば円満な家庭が築けるだろう。

そして、公平性が不可欠になる。家事や育児、介護をお母さんに一切任せてゴルフや飲み会ばかりのお父さんと、そのお父さんを横目にランチや旅行三昧のお母さんでは家庭は持つまい。

さらに、家庭の経済力も重要だ。「衣食足りて礼節を知る」という言葉があるように、ある程度お金がないと、生活も成り立たないし子どもを進学させることもできない。心に余裕が生まれることで、周囲への配慮もできるようになる。このように、家庭を維持するには、仲の良さ、共通の価値観、公平性、経済力など、様々な要素が必要になってくる。

社会についても、同じことが言えるのではないだろうか。2022年には周知の通り、ロシアのウクライナ侵攻が起きた。両国間のいさかいにより、経済停滞や食料危機、そして核兵器使用への疑念が生まれ、世界情勢はにわかに先行きが不透明となっている。

公平性についても、経済力や性別による格差という課題が控えている。フランスの研究所によると、世界の上位1％の超富裕層の資産が、世界全体の個人資産の４割近くを占めるに至っており、下位50％の資産は全体の２％にすぎず、格差はさらに広がる傾向だという。

そして「衣食足りて礼節を知る」――長年カンケンテクノを経営していてしみじみと感じる言葉である。20世紀、国内でいち早く排ガスの無害化に取り組んでいる会社というのは、少なからず経営状況が良く、環境問題を考える余裕があるところだった。草創期からお世話になっている松下電子工業などは、その典型例だ。

当社は規模が大きくなるにつれ、海外企業との取引も増えたが、やはりどこも環境保全に配慮する余裕のある企業で、韓国や台湾など経済発展を遂げた国が多かった。

その一方で世界では、マイクロプラスチックなどの問題を引き起こす海洋への廃棄物投棄、農地の拡大や違法伐採による森林の減少も依然として続いている。

世界平和や民族・人種の壁を超えた価値観の共有、格差の是正、そして経済性に裏打ちされた地球環境の保全。これらを実現することで、カーボンニュートラル社会、ひいては持続可能な社会が実現できるのではないかと考える。

最後となる本章では、もはや企業活動で避けては通れないSDGsに触れた上で、産業の電化や再生可能エネルギーなど、カーボンニュートラル社会の実現に向けて産業界が本腰を入れるべきトピックを紹介する。そして、最後に持続可能な社会に向け、次世代を担う若者へメッセージを送る。

持続可能な開発目標（ＳＤＧｓ）

持続可能な社会の実現のため、世界共通の目標として国連が提唱したのが「持続可能な開発目標（ＳＤＧｓ）である。

ＳＤＧｓは、２０１５年に米国・ニューヨークで開かれた「国連持続可能な開発サミット」で正式に策定された。次に列挙する17の目標（ゴール）で構成され、さらにその下に１６９の達成基準（ターゲット）がある。

１．あらゆる場所のあらゆる形態の貧困を終わらせる

２．飢餓を終わらせ、食料の安定確保及び栄養改善を実現し、持続可能な農業を促進する

３．あらゆる年齢のすべての人々の健康的な生活を確保し、福祉を促進する

4. すべての人々への、包摂的かつ公平な質の高い教育を確保し、生涯学習の機会を促進する
5. ジェンダー平等を達成し、すべての女性及び女児の能力強化を行う
6. すべての人々の水と衛生の利用可能性と持続可能な管理を確保する
7. すべての人々の、安価かつ信頼できる持続可能な近代的エネルギーへのアクセスを確保する
8. 包摂的かつ持続可能な経済成長及びすべての人々の完全かつ生産的な雇用と働きがいのある人間らしい雇用（ディーセントワーク）を促進する
9. 強靭（レジリエント）なインフラ構築、包摂的かつ持続可能な産業化の促進及びイノベーションの推進を図る
10. 各国内及び各国間の不平等を是正する
11. 包摂的で安全かつ強靭（レジリエント）で持続可能な都市及び人間居住地を実現する
12. 持続可能な生産消費形態を確保する
13. 気候変動及びその影響を軽減するための緊急対策を講じる

14. 持続可能な開発のために海洋・海洋資源を保全し、持続可能な形で利用する

15. 陸域生態系の保護、回復、持続可能な利用の推進、持続可能な森林の経営、砂漠化への対処、ならびに土地の劣化の阻止・回復及び生物多様性の損失を阻止する

16. 持続可能な開発のための平和で包摂的な社会を促進し、すべての人々に司法へのアクセスを提供し、あらゆるレベルにおいて効果的で説明責任のある包摂的な制度を構築する

17. 持続可能な開発のための実施手段を強化し、グローバルパートナーシップを活性化する

図表｜SDGsの17のゴール

ＳＤＧｓは、全世界が取り組む普遍的な目標で、先進国も発展途上国もすべての国が対象。政府だけでなく、地方自治体、企業を含めたあらゆる立場の者が取り組むべきものとされている。また「誰一人取り残さない」ことを強調しており、戦乱や貧困などで絶望的に苦しい立場にある人も救うことを理念としている。

ＳＤＧｓができた背景と経緯

ＳＤＧｓができた背景には、暮らしや経済活動に深刻な悪影響を及ぼす地球上の問題がある。その最も大きな問題は、本書で取り上げてきた地球温暖化やそれに端を発する気候変動だ。生物多様性の崩壊も気候変動と並ぶ大きなリスクとなっており、多様性の喪失により食糧不足やサプライチェーンの混乱などが心配されている。

それ以外にも、資源や人口の問題がある。大量生産、大量消費、大量廃棄が進んだことで、石油や石炭といった化石燃料のみならず、水資源の枯渇や森林の減少も年々進んでいる。世界の人口についても、現在の約80億人から、２０５０年には97億人に増える見込みで、資源や食料の不足が懸念されている。

また、先に述べた通り深刻化する経済力と性別による格差、さらには貧困の問題も看過できない。

このような深刻な課題を解決するために、ＳＤＧｓは作られたのである。

ＳＤＧｓの思想的源流は、１９７２年にスイスの民間シンクタンク「ローマクラブ」が発表した「成長の限界」という報告書だ。このまま人口増加や環境汚染が続くと、あと１００年で地球の成長は限界に達すると警鐘を鳴らす内容だった。

その後、１９９２年にブラジル・リオデジャネイロで開かれた「環境と開発に関する国連会議（通称地球サミット）」では、大気保全や森林減少対策、有害廃棄物の適正管理などの行動計画として「アジェンダ21」を策定。さらに、１９９７年に京都で開かれたＣＯＰ３で、温室効果ガスの排出規制に関する京都議定書が採択されるなど、ＳＤＧｓにつながる議論が進められていった。

そして２００１年、ＳＤＧｓの前身とされる「ミレニアム開発目標」が国連により提唱された。ミレニアム開発目標では、貧困人口の割合を半減させることなど、２０１５年までに達成すべき８つの目標が設定された。

ミレニアム開発目標は、実施期間の15年間で一定の成果を収めることができたが、どちらかといえば発展途上国に特化した目標であった。そこで、ミレニアム開発目標の後継として、2030年までに達成すべき世界共通の目標を定めたSDGsが誕生したというわけだ。

政府、経済界の動き

2015年に国連でSDGsが採択されたのを受け、日本でもSDGsに関する取り組みが動き出していった。取り組みは広範にわたるので、産業に関する内容を中心に追っていきたい。

まず政府は、翌2016年に首相を本部長として、全閣僚を構成員としたSDGs推進本部を設置し、日本での取り組みの羅針盤となる「SDGs実施指針」を策定。その後、2019年に改定している。

実施指針では、日本が取り組むべき8つの優先課題を規定。その中には「成長市場の創出、地域活性化、科学技術イノベーション」、「省・再生可能エネルギー、防災・

気候変動対策、循環型社会」など、産業界と密接した取り組みも含まれている。

この8つの優先課題を踏まえた具体的な施策が「SDGsアクションプラン」であり、おおむね半年ごとに更新されている。同プランでは、環境保全などに配慮した企業に投資するESG投資、イノベーションの推進策などが盛り込まれている。

2017年からは、SDGs達成に向けて優れた取り組みを行っている企業・団体を表彰する「ジャパンSDGsアワード」を創設し、企業や学校、NPOなどの活動を後押ししている。


経済団体では、日本経団連が2017年に企業行動憲章を改定。イノベーションによる社会的課題の解決、働き方改革の実現、自社だけでなくサプライチェーンにも行動変革を促すことなど、SDGsを非常に意識した内容が盛り込まれた。

この企業行動憲章の改定を機に、企業でのSDGsへの取り組みが急速に注目されるようになった。企業行動憲章に付属する「実行の手引き」には、SDGsに対する基本的な心構えや具体的な実践例が記述されており、多くの企業が参考としている。

ＳＤＧｓに企業が取り組むメリット

これまで、企業は最小コストで最大の利益を生み出すことを至上命題としてきた。排ガスの処理などといった環境対策は、直接的な生産や利益に繋がらないことからコストとしか見なされず、顧みられることはあまりなかった。

そのため、私が青年期を過ごした大阪の空は、どんよりともやがかかっていた。そのもやは、いつしか地球全体を覆って温暖化を引き起こし、人類の生活を脅かすようになったのだ。

持続可能な社会では、かつてのように短期的な利益に拘泥《こうでい》するのではなく、長期的な視点で環境に目を向け、将来の地球環境に投資していくような企業活動が求められる。

ＳＤＧｓは企業活動においては避けて通ることのできない取り組みとなったわけだが、取り組むことによるメリットは金銭的なこと、その他のことも含め、多く存在する。

お金に換えられないメリットとして最も大きいのは、企業のイメージアップであろう。地球温暖化防止に向けた取り組みはもちろん、貧困や飢餓の撲滅、ジェンダーの格差是正などを推進していることで、社会に対して責任を果たす企業と認知され、ブランディングでは非常に効果的となる。

さらに企業がイメージアップすることで、優秀な人材も集まる。私が若い頃は、高収入高収益の企業を志向し、利益を優先して物事を考えるビジネスパーソンが多かった。当時の流行語でいう「モーレツ社員」である。戦後日本の高度経済成長の担い手として、社会に貢献してきた。

しかし、このようなモーレツ社員は、現代ではもはや時代錯誤も甚だしい。今の若い人を見ていると、高収入高収益の仕事を選ぶよりも、社会に評価される仕事を選ぶような傾向があるように思う。

特に、これからの将来を担う「Ｚ世代」にはその傾向が顕著だ。Ｚ世代とは、おおむね１９９０年代半ばから２０１０年代生まれの世代。ほとんどの人が京都議定書の締結後に生まれており、幼い頃から環境問題や社会問題について学校や家庭で教わっているから、ＳＤＧｓにも強い関心を持っている。

Ｚ世代は、今後の企業活動を担う存在である。彼ら彼女らにそっぽを向かれると優秀な人材は集まらなくなり、企業活動は先細りしていくであろう。

また、購買活動でも強い影響力を持つといわれており、Ｚ世代の心証を良くすれば商品も売れることが考えられる。

ただし、ここで気を付けておきたいのは、ＳＤＧｓに取り組んでいるふりをしたり、ＳＤＧｓ活動を誇張したりする「ＳＤＧｓウォッシュ」にならないことである。粉飾を意味する「ホワイトウォッシュ」という英語にちなんだ言葉だという。ごまかしても、いずれ馬脚を現せば、社会からの信用を失うことになるだろう。

新たなルールに順応でき、投資を呼び込める

企業によるＳＤＧｓの活動への直接的なメリットはいろいろあるが、特に強調したいのは新たな政策やルール変更を先取りできる点である。ＳＤＧｓの理念をよく理解し、他社に先んじて活動を行っている企業は、例えば環境規制が厳しくなったとしても、柔軟に対応ができる。

何度も繰り返しているが、世界全体がカーボンニュートラル社会に向かっている中で、将来環境規制が厳しくなることがあっても、規制が緩くなるようなことは考えられない。

当社もこれまで、国や行政によるルール変更や、企業の環境保護基準の強化に柔軟に対応してきた。

例えば、中国では2015年1月、環境保護法が改正され、環境に関する罰則が厳しくなり、当局による取り締まりも激しさを増していった。この動きに対し、現地法人の北京カンケンテクノは、新型装置の提案などといった営業を強化。技術面でも装置の改良などに取り組んだ。

社会が目まぐるしく変化する中、不変的な環境規制などはあり得ない。規制が変わったときに、後ろを歩いていては変化に素早く対応することはできない。グローバルニッチのトップでいれば、先んじて動くことができるのだ。

もちろん、新たなビジネスチャンスに繋がる点もSDGsの大きなメリットである。SDGsの17の目標に注目すれば、問題解決のための新規事業や他業種との協働など、様々なアイデアを生み出すことができる。売上や利益だけに執着するのではなく、長期的な視点で社会課題の解決に向けて、これまでにないイノベーションの創造やビジネス開発を進めていくことで、その可能性が広がる。

また、資金調達も有利になる。企業が環境に配慮したり、地球温暖化防止に貢献したりすることが投資家に評価され、資金提供を受けることができるようになる。

今後、産業界で取り組むべきこととは

産業の電化がカーボンニュートラル社会の鍵

これまでSDGsの全容を駆け足で見てきたが、カーボンニュートラル社会、持続可能な社会の実現に向けては、具体的なアクションが必要なことは言うまでもない。産業界が今取り組むべき課題は、あまりにも多い。

カーボンニュートラル社会に向けて鍵となるのは、産業の電化だろう。私たちはCO_2

図表　ゼロカーボンエネルギーへの取り組み

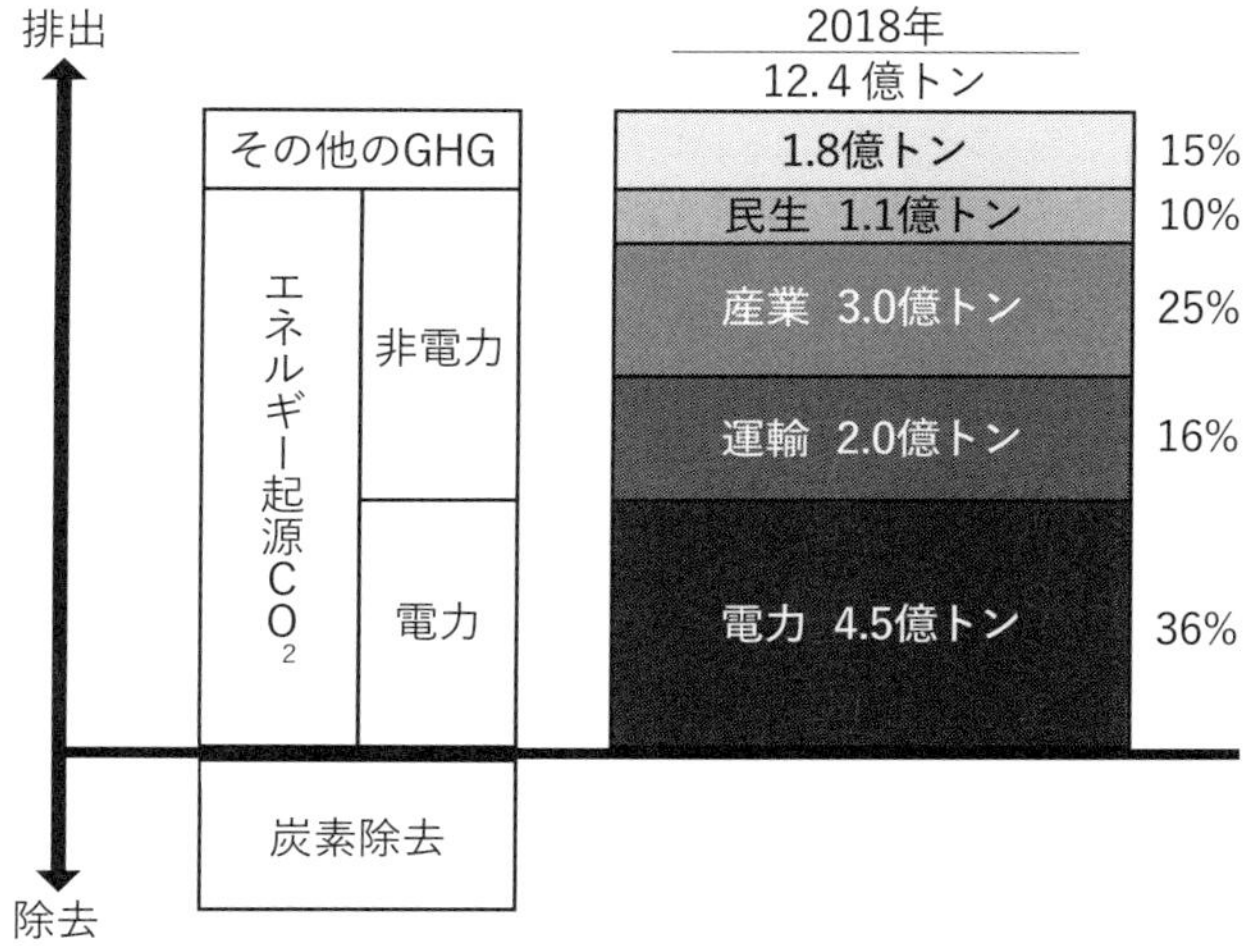

出典：経済産業省HPより抜粋

の削減といわれたら、ともすれば電力部門に目が行きがちだ。太陽光発電や風力発電といった再生可能エネルギーの取り組みは積極的に推し進められており、イメージがしやすい。

日本のCO_2排出量のうち、発電など電力部門に占める割合はおよそ４割で、残り６割は産業、運輸、家庭などの非電力部門である。この非電力部門６割の排出量についても、対策が必要になってくる。

「産業の電化」といっても、イメージが湧きにくいかもしれない。ここでは代表的なものを取り上げたい。

まず、当社が提供している電気式、プラズマ式の排ガス除害装置は電化の一つとして挙げることができる。ＰＦＣなどの排ガスは、燃料ガスを燃やして処理するのが主流だったが、燃料ガスを電気やプラズマに置き換えることで、CO_2を排出しない装置を実現させた。

製鉄業界で近年進んでいるのが、電気炉への置き換えである。一般的に鉄は鉄鉱石を原料に、コークス（乾留した石炭）を燃料にして製造している。

一方、電炉で作られる鉄の原料は鉄スクラップである。アーク放電により高温を発生させて鉄スクラップを溶かし、不純物を取り除くなどして再び鋼を作り出す。どことなくプラズマ式の除害装置と仕組みが似ているようにも思える。

日本では電気炉で作られた鉄はまだ20％程度だが、米国では60％以上を占めるに至っている。今後技術が進めば、さらなるCO_2の削減が期待される。

その他、普及が期待されているものに、産業用のヒートポンプがある。これまで工場で排出されていた熱をリサイクルし、有効利用することで化石燃料の使用を抑える仕組みだ。もちろん、電力の節約にもつながる。

この他、鉄道の電化も脱炭素に貢献する手段の一つだ。

地方では、いまだ電化されずディーゼル車が走っているローカル線が多い。私の故郷である山口県山口市を走るＪＲ山口線も非電化の路線である。ただし、電化には莫大な投資が必要なことから、乗客の少ないローカル線で行うのは非現実的だ。

そこで進められているのが、ＥＶのように電気をためて走る蓄電池電車や、水素発電などの燃料電池による車両への置き換えだ。すでに栃木県や福岡県を走るＪＲ線では蓄電池電車による営業運転が開始されている。ローカル線の列車すべてが、電気によって走るようになる日もそう遠くないかもしれない。

自動車の電化も間違いなく進む

自動車業界でも電化が進みつつある。電気モーターを動力源として走るＥＶの普及拡大の動きが止まらず、並行して排ガスを出すガソリン車の廃止に向けた動きが進みつつあり、温暖化対策をはじめとする世界のエネルギー問題に大きな変化をもたらす可能性がある。

2021年に英国・グラスゴーで開かれたCOP26では、英国、カナダなど24カ国が2040年までにガソリン車の新車販売を終え、すべてEVなどのゼロエミッション（CO_2の排出がゼロ）車とすることに合意した。

欧米では、ガソリン車など内燃機関車からEVなどのゼロエミッション車への切替えに積極的だ。EUの国会にあたる欧州議会は、2035年までに内燃機関車の新車販売を事実上禁止する法案を賛成多数で可決。米国・カリフォルニア州も、同年限りで、ガソリンで動く乗用車や小型トラックの新車販売を禁止する規制案を承認した。

もちろん、規制に積極的な英国や北欧諸国に対し、膨大な市場を抱える米国と中国、自動車輸出大国のドイツや日本など、EVへの移行に向けての温度差は大きい。それでも、電気が次世代の自動車の主要なエネルギーとなっていき、EVがシェアを拡大していくことは間違いなさそうだ。現時点では自家用車が中心だが、やがてバスやトラックといった商用車にも動きが広がっていくであろう。

日本でも、欧米に遅ればせながらも自動車の電化に向けた動きが進みつつある。2021年に当時の菅義偉首相は、2035年までに新車販売で電動車100%を実現することを表明。事実上のガソリン車の禁止にかじを切った。

東京都では、１９９９年にディーゼル車排ガス規制を設けるなど、排ガス対策を早い時期から進めている。当時の石原慎太郎知事が会見でペットボトルに入ったすすをまき散らして記者に見せている光景を覚えている人も多いだろう。小池百合子知事も、菅首相の表明に先立ち、２０３０年までにガソリンの乗用車の新車販売をゼロにすることを表明している。

規制強化のトレンドに対し、国内外のメーカーもＥＶへのシフトを加速している。英国自動車メーカーのジャガーは、２０２５年から原則としてＥＶに一本化することを表明。ドイツのフォルクスワーゲン傘下のアウディは２０２６年から、ドイツのメルセデスベンツやスウェーデンのボルボは２０３０年から、それぞれＥＶ販売に特化する予定だ。

一方、日本では欧米のメーカーに比べてＥＶへのシフトが遅れていると指摘されるものの、ＥＶの開発や販売を進めている。将来、ＥＶのシェアがさらに拡大すれば、部品などを供給している協力企業なども対応を迫られるだろう。

カーボンニュートラル社会に向けての取り組みやSDGsは、中小企業にとっても決して他人事ではない。

長所短所を併せ持つ再生可能エネルギー

非電力部門の電化のみならず、発電などのエネルギー転換部門でも変革が進んでいる。2030年までに再生可能エネルギーの比率を36~38%まで引き上げる目標に向け、太陽光や風力発電の普及が進められている。

東日本大震災での福島第一原子力発電所の事故をきっかけに、石油、石炭、液化天然ガスによる火力発電への依存が大きくなった。発電に占める火力の割合が2010年は65・4%だったのが、2018年は77・0%と、全体の4分の3以上となった。その分、温室効果ガスの排出量も増加している。

そんな中、2016年にパリ協定が発効し、さらにロシアのウクライナ侵攻等の影響で電力需給が逼迫《ひっぱく》したこともあり、日本はその対応に迫られている。2022年には岸田文雄首相が再生可能エネルギーの普及と合わせ、原子炉の新たな増設や建て替えを進める考えを表明したのは、このような事情が背景にある。

再生可能エネルギーの種類として、現状では次のようなものが挙げられる。それぞれ多様な利点と課題を持ち合わせている。

・太陽光発電
シリコン半導体に光が当たると電気が発生する現象を利用し、光エネルギーを電気に変換する
利点…太陽光は無尽蔵にあり、未利用スペースを利用できる
課題…日照や気象条件により発電出力量が左右される

・風力発電
風で風車を回し、電気エネルギーをつくり出す
利点…風は無尽蔵にあり、洋上でも発電が可能。夜間も発電可能で、エネルギー変換効率が良い
課題…コストの負担が大きい

・バイオマス発電
木くずや間伐材などの生物資源を燃料に使用できる
利点…生物資源の廃棄物を利用できる。京都議定書の取り扱い上、大気中のCO_2を増やさないと見なされる
課題…燃料の運搬や管理にコストがかかる

・水力発電
水の流れる力でタービンを回す
利点…長期発電が可能で、電気を安定供給できる。技術が確立している
課題…ダム建設などによる環境破壊やコストの高騰が懸念される

・地熱発電
地面の熱で蒸気をつくり、タービンを回す
利点…地熱は無尽蔵にあり、昼夜を問わず発電が可能

課題…導入コストが高く、規模の割に発電量が小さい

再生可能エネルギーの中で、日本で最もポピュラーなものといえば太陽光発電だが、夜間や雨天・曇天時は発電できないなどのデメリットがあり、万能とはいえない。そのため、様々な発電方法のメリット、デメリットを組み合わせ、需要増減に対応したり経済効率性を実現したりすることが求められる。

気になるグリーン成長戦略

2050年のカーボンニュートラル社会実現に向け、政府も企業に対し様々な支援策を打ち出している。その中で、最も代表的なものが「グリーン成長戦略」だ。グリーン成長戦略は2021年に政府が発表。経済と環境の好循環をつくるための産業政策や、成長が期待できる産業分野の実行計画をまとめている。

2050年のカーボンニュートラル社会は、並大抵の努力では実現できない。これ

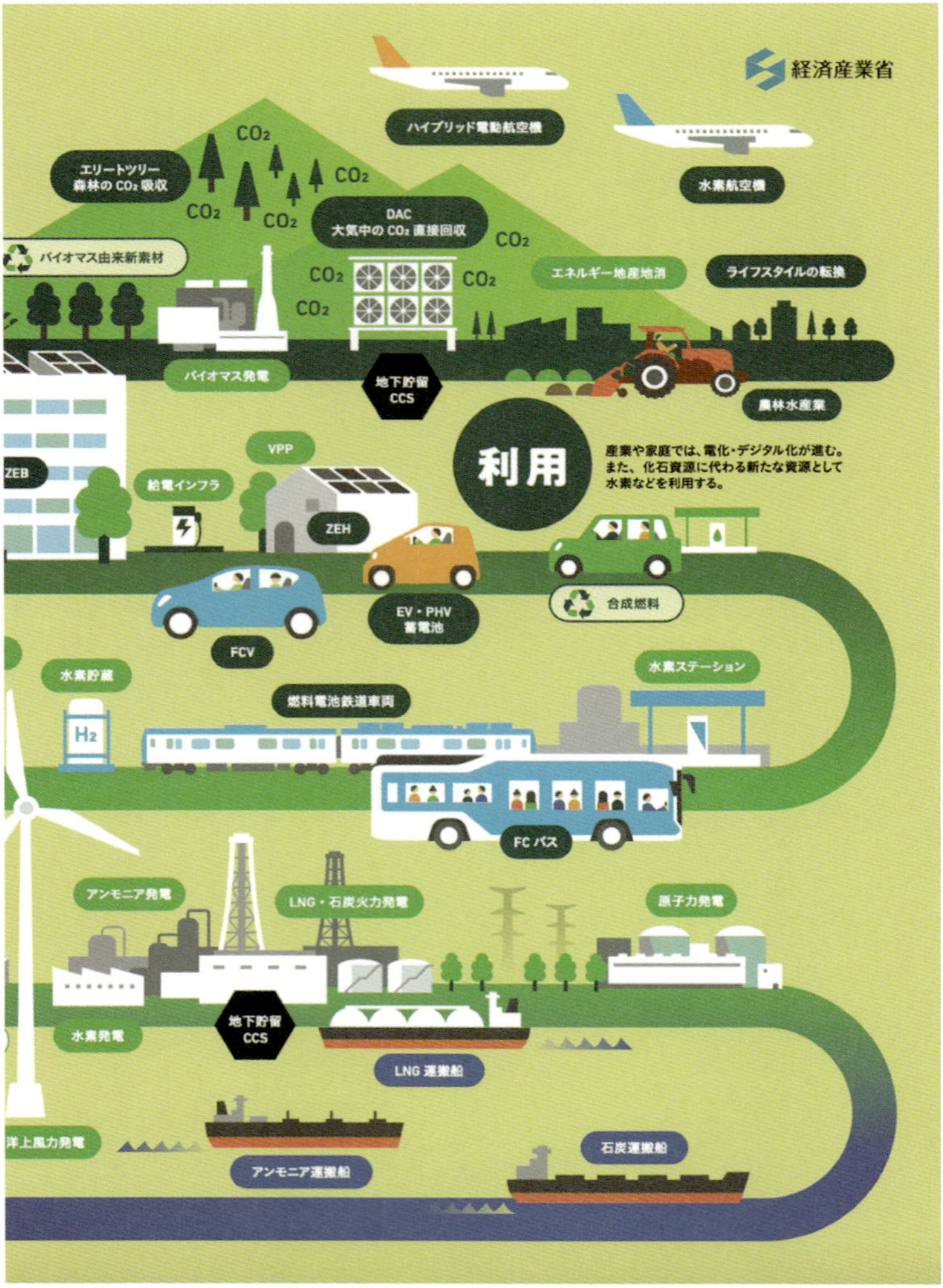

/ggs/index.html

出典：経済産業省 https://www.meti.go.jp/policy/energy_environment/global_warming

までに取り上げてきた産業の電化や再生可能エネルギーの拡大など、エネルギー・非電力両部門の構造転換がないと実現は難しい。

そこでグリーン成長戦略では、今後産業として成長が期待され、なおかつ温室効果ガスの排出を削減する観点からも取り組みが不可欠と考えられる分野として、14の重要分野を選定し、国として重点的にバックアップしていくこととしている。

14分野の内訳は次の通り。

エネルギー関連…「洋上風力・太陽光・地熱」、「水素・燃料アンモニア」、「次世代熱エネルギー」、「原子力」

輸送・製造関連…「自動車・蓄電池」、「半導体・情報通信」、「船舶」、「物流・人流・土木インフラ」、「食糧・農林水産業」、「航空機」、「カーボンリサイクル・マテリアル」

家庭・オフィス関連…「住宅・建築物・次世代電力マネジメント」、「資源循環関連」、「ライフスタイル関連」

図表｜クリーン成長戦略（成長が期待される）14分野

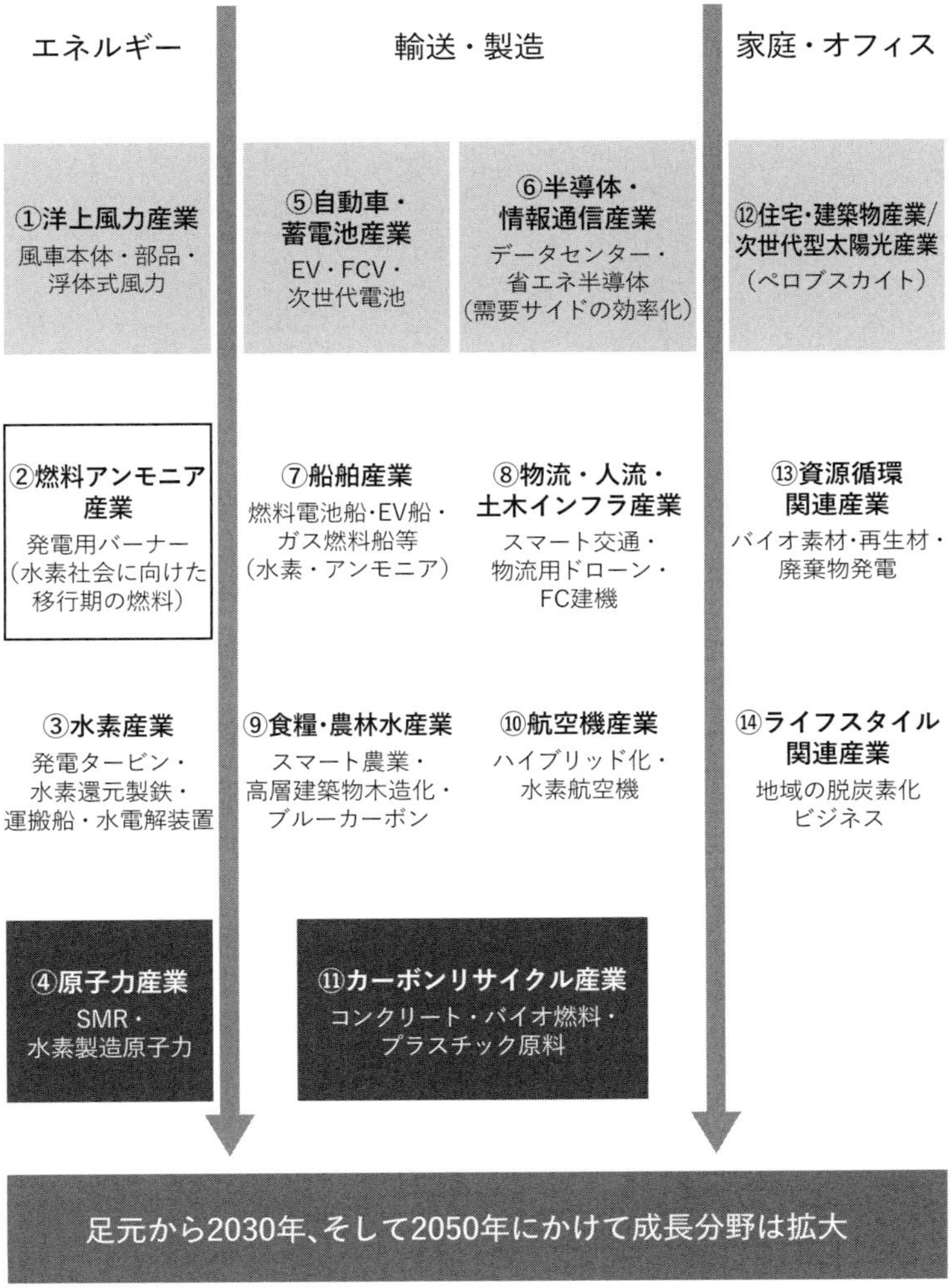
エネルギー
輸送・製造
家庭・オフィス
①洋上風力産業
風車本体・部品・
浮体式風力
⑤自動車・
蓄電池産業
EV・FCV・
次世代電池
⑥半導体・
情報通信産業
データセンター・
省エネ半導体
（需要サイドの効率化）
⑫住宅・建築物産業/
次世代型太陽光産業
（ペロブスカイト）
②燃料アンモニア
産業
発電用バーナー
（水素社会に向けた
移行期の燃料）
⑦船舶産業
燃料電池船・EV船・
ガス燃料船等
（水素・アンモニア）
⑧物流・人流・
土木インフラ産業
スマート交通・
物流用ドローン・
FC建機
⑬資源循環
関連産業
バイオ素材・再生材・
廃棄物発電
③水素産業
発電タービン・
水素還元製鉄・
運搬船・水電解装置
⑨食糧・農林水産業
スマート農業・
高層建築物木造化・
ブルーカーボン
⑩航空機産業
ハイブリッド化・
水素航空機
⑭ライフスタイル
関連産業
地域の脱炭素化
ビジネス
④原子力産業
SMR・
水素製造原子力
⑪カーボンリサイクル産業
コンクリート・バイオ燃料・
プラスチック原料
足元から2030年、そして2050年にかけて成長分野は拡大

出典：経済産業省HPより抜粋

このうち、半導体・情報通信では、従来品より電力損失が発生しにくい次世代パワー半導体や、省エネ化したデータセンターの研究開発を支援すると規定。半導体、情報通信産業の２０４０年のカーボンニュートラル化をめざすとしている。

カーボンリサイクル・マテリアルでは、地球環境に優しいコンクリートやプラスチックの開発のほか、低濃度・低圧のCO_2を分離・回収する技術の開発、製造工程で高温を必要とする産業における熱源の脱炭素化の推進などを取り組みとして挙げている。

そしてこれらの取り組みを実行するために経済産業省が、２兆円の「グリーンイノベーション基金」を創設。野心的なイノベーションに挑戦する企業を今後10年間、基金を活用して継続支援する考えだ。他にも、カーボンニュートラルに向けた投資促進税制、ファイナンス資金活用のための金融市場の整備などを計画している。

グリーン成長戦略の根底にあるのは、脱炭素化への取り組みを、コストや義務ではなくビジネスチャンスと捉えている点であろう。技術分野に大胆な投資を行いイノベーションを起こそうとする企業が、地球温暖化の防止に取り組む。

カーボンニュートラル社会の実現に向け、これまで「コスト」と捉えられていた温暖化防止に向けた経済活動は、「インベストメント（投資）」を経て、「ベネフィット（利益）」に発展しようとしている。

ＥＳＧが企業の未来を決定づける

近年、投資家についても、企業の環境や社会に対する姿勢を見て投資判断をすることが主流となっている。ＥＳＧ投資と呼ばれる動きである。

ＥＳＧとは、環境（Environment）、社会（Social）、企業統治（Governance）を表す英語の頭文字から取られた。財務状況だけでなく、これらの３つの非財務情報も吟味した上で投資先を選定している。例えば、エネルギーを大量に消費したり温室効果ガスを大量に排出したりする企業は投資されなくなる一方、脱炭素化に貢献している企業には資金が集まり、資金調達が容易になる。

この概念を提唱したのは、第７代国連事務総長を務めたコフィー・アナン氏。アナン氏が企業に対し、環境問題や世界的課題の解決に向けて、協力を求めたことが始まりだといわれている。

ＥＳＧ投資について国連は、「ＰＲＩ（責任投資原則）」を提唱した。ＰＲＩは、次の６項目から構成される。

①投資分析と意思決定のプロセスにＥＳＧの課題を組み入れる
②株式の所有方針と所有慣習にＥＳＧの課題を組み入れる
③投資対象に対し、ＥＳＧに関する情報開示を求める
④資産運用業界において本原則が広まるよう、働きかけを行う
⑤本原則の実行効果を高めるために協働する
⑥本原則に関する活動状況や進捗状況を報告する

ＰＲＩには、世界最大の公的年金機関である日本の年金積立金管理運用独立行政法人（ＧＰＩＦ）が署名するなど、世界の投資の指針とされている。同時に、企業に対しても、この６項目を経営方針に組み込むよう呼び掛けている。

ＥＳＧ投資の市場規模は、年を追うごとに拡大しており、２０１４年に世界で約18兆ドルだったのが、２０２０年にはおよそ35兆ドルにまで成長している。

ＥＳＧの中で起業家がとりわけ重視するのは、やはり「Ｅ」の環境。特に気候変動に対しどのような対策をとっているか、その情報を重視しているようだ。例えば、温室効果ガスの排出規制に積極的に取り組んでいるか、削減目標をしっかり策定しているか、企業単体だけでなくサプライチェーンの排出削減に取り組んでいるかなどといったことに目を光らせている。

企業は目先の利益を追ったり小手先の環境対策に終始したりするのではなく、長い目で脱炭素化に取り組むことが求められている。今や環境に無関心な企業は、人材や消費者だけでなく、パトロンからもそっぽを向かれてしまう。このような企業に未来がないことは、言うまでもない。

次世代へのメッセージ

地球の命運は、次の世代にかかっている

地球温暖化という人類共通の脅威に対し、世界はカーボンニュートラル社会の実現という共通の目標を掲げ、あらがおうとしている。脱炭素化に向けて産業界が一丸となった取り組みが少しずつ進む中、当社も企業の一員として、温室効果ガスの無害化装置などを通じて微力ながら社会貢献している。

人類共通、産業界、企業など、ある種のまとまりによって温暖化対策は進められているが、それでも取り組むのは人類一人一人。とりわけ、未来を生きる次の世代の人たちに地球の命運はかかっている。

最後に、次の世代の人たちに対する私のメッセージを、つれづれなるままにつづりたい。

太陽系に地球が惑星として誕生したのは、大体46億年前といわれている。46億年の地球の歴史を一年で表すと、陸と海が誕生したのが2月初旬で、細菌などの原始生命体が誕生したのが2月下旬。そこからバクテリアが光合成で酸素を放出し始めたのは5月末頃となる。

11月中旬に魚類、12月中旬には恐竜や鳥類がそれぞれ出現。哺乳類が栄え始めるのはクリスマスを過ぎた12月26日頃で、現生人類が誕生したのは大みそかの除夜の鐘が鳴る頃だという。

温暖化やオゾン層の破壊、大気汚染など、近代産業の発展により地球環境がおかしくなり始めたのは、年越しのカウントダウンを行っている最中ぐらいである。地球という惑星にとっては一瞬。しかしその一瞬の出来事により、環境が危機に瀕している。

子どもたちや20歳代、30歳代の若い人たちは、これから何十年とこの星で生きていかなければならない。その子孫が生活していくことを考えると、さらに何百年、何千年にもわたり持続的に地球環境を保全しなければならない。

幸い、今の若い人たちは、幼い頃から環境教育を受けてきているので、地球温暖化などの問題に対する関心が高い。生まれた時にはすでにインターネットが普及している「デジタルネイティブ」であるから、グローバルな視野を持ち、新しい技術に対しても抵抗がない。

地球の未来は、若い人たちにかかっている。このような人たちに、期待をしたい。

産業革命と同様の時代の変化

私たちは、18世紀半ばから19世紀にかけての産業革命と同じような劇的な時代の変化にさらされている。

産業革命は、生産活動の中心が「農業」から「工業」へ移ったことによる社会の変革であり、様々な技術革新により、生産性が急上昇した。

技術革新の代表的なものが、ジェームズ・ワットが実用化した蒸気機関だ。この蒸気機関を利用した織機が発明され、布を織る能率が飛躍的に向上。また、蒸気機関車の登場により、人や物の大量輸送が始まることとなった。

それと同時に、鉄鉱石を原料として鉄を製造する鉄鋼業が盛んとなった。鉄は古代オリエントの時代から使用されていたが、産業を支える主要な物質としてスポットライトが当てられ、溶鉱炉で盛んに製造されるようになった。

しかし産業革命の当時から、急速な近代化による環境問題も起こっていた。大都市では、工業化により大気汚染が深刻化し、人口の爆発的増加により水質汚染も発生。上下水道などの衛生施設の普及が間に合わず、コレラなどの伝染病が人々を襲った。また、女性や子どもを工場で長時間酷使するなど、社会のひずみも看過できないものになっていった。


そして現代では、ＩoＴ（Internet of Things）や人工知能（ＡＩ）により、製造業などで革新が起きている。

ＩoＴは「モノのインターネット」を意味し、従来インターネットに接続されていなかった様々なものがネットワークを通じて情報交換することを指す。例えば自動車では、カーナビやドライブレコーダーなどをインターネットと接続することで、事故の自動検知や安全運転診断などのサービスが提供されている。最も期待されているのは自動運転技術で、現在実用化に向けて様々な実証実験が盛んに行われている。

また、ＡＩもビジネスや日常生活において急速に導入されつつある。将来的にＡＩの台頭により、単純労働など約半分の仕事がなくなり、ＡＩに置き換わるというショッキングな内容のレポートもある。

しかしその一方で、環境問題の解決は不十分であり、道半ばだ。

産業革命からしばらくの間、環境問題は都市部だけの問題であった。それが今では、温暖化や気候の変動、オゾン層の破壊など、地球全体で考えなくてはならない課題となっている。

地球上に住む人間の生活が豊かになると、どうしてもその傍らで環境問題が起こってしまう。今後、今まで予想しなかった環境問題が発生する可能性もゼロではない。社会を持続させるために、一つ一つ解決していくことが求められている。

カーボンニュートラルに向け、身近なことから始めよう

環境問題は、学者や技術者だけの問題ではない。カーボンニュートラル社会と、持

続可能な社会の実現に向け、誰もが身近なところから取り組む必要がある。そのためには、日々の生活により自分がいかに地球環境を汚染しているかを認識することがまず必要だ。

例えば外出するために自動車に乗れば、排ガスでCO_2やＮＯ$_x$を排出する。買い物のときにレジ袋をもらえば、その分原料としての化石燃料を使うこととなり、さらにはごみとして燃やせばCO_2が発生する。

専門的な知識がなくても、専門的に研究をしなくても、日常の何気ないことが環境に負荷をかけているということを理解すれば、身近なアクションを起こすことができるはずだ。

環境問題に対し、個人が毎日の暮らしの中でできることはいくらでもある。自家用車に乗る代わりに公共交通機関を利用すれば、CO_2の排出量をいくらか抑えることができる。もちろん、時間の制約やドアツードアの移動ができないなどのデメリットはあるが、地球にとってみれば優しい行動である。

レジ袋にとどまらず、不要なものは買わない、もらわないことを心掛けるのも重要だ。ごみ減量化に向けた「３Ｒ」（リデュース＝排出抑制、リユース＝再利用、リサイクル＝再資源化）の中で、最も重要とされているのがリデュースだ。ごみの発生源を絶つことで、エネルギー消費やCO_2排出を根本から絶やすことができる。

廃棄物関連で効果的なのは生ごみの減量だ。生ごみは水分を含んでいるため、焼却処理する際に一般のごみより多くの火力が必要となる。そのため、食べ残しによる食品ロスを減らすことをぜひとも心掛けていただきたい。

様々な工場に排ガスの無害化装置を提供している立場としては、環境に優しい機器の導入も挙げておきたい。例えば、住宅用太陽光発電パネルや太陽熱温水器の導入、二重窓や断熱サッシを取り入れたリフォーム、省エネ型のエアコンの設置などである。照明を蛍光灯などからＬＥＤに替えることも、立派なエコ活動だ。

身近にできる取り組みは、挙げていけばきりがない。各自治体のホームページでは、家庭や日常生活でできる環境に優しい取り組みを紹介していたり、チェックリストなどを設けていたりするので、そちらを参考にして、できることから実践してほしい。

環境問題の解決法は無限大

もちろん身近な取り組みだけでなく、環境問題に取り組む優秀な専門家や技術者が多数活躍することも願ってやまない。

専門家が解決するべき地球環境問題は、今や無限にある。大気に限ってみても、様々な種類の問題が存在している。

かつて大気の問題といえば、煙や悪臭だった。目に見えたり、臭ったりするなど、五感で気がつくものが公害であった。

戦後、高度経済成長期に入ると、四日市ぜんそくや光化学スモッグなどの大気汚染が深刻化。四日市ぜんそくは、主として硫黄酸化物が原因であり、微細な物質が人々の体をむしばんでいったのである。

公害規制が厳しくなった後も、オゾン層の破壊、ＰＭ２．５などの微小粒子状物質による問題、そして地球温暖化など、大気に関する環境問題はとどまるところを知らない。それどころか、むしろ多様化している。

しかし、地球環境問題が無限にあるのと同時に、その解決に向けたアプローチもまた無限にあると、私は考える。

温暖化対策は、すでに起こっている影響、または今後起こりうる影響を最小限に食い止める「適応対策」と、温暖化の原因となるものを排除する「緩和対策」の2本立てで取り組む必要があると第1章で説明した。

適応対策としては、高温下でも育つ農産物の品種改良や、感染症・熱中症の予防対策や新薬の開発など、専門家や技術者が取り組むべき解決法がいろいろと考えられる。

緩和対策でも、新しいエネルギーの研究、温暖化の新たな脅威を食い止める研究、そしてカンケンテクノのように温室効果ガスを無害化する仕組みの開発など、様々な方法がある。

立ち位置については、研究者や技術者として地球環境問題に取り組む以外にも、私のように経営者の立場からアプローチすることもできる。政治的な視点で解決を試みたり、メディアやSNSなどを通じて環境問題を広く知らしめたりする方法もある。

環境問題の解決方法は、決して一つではない。自分の長所や得意なことを分析した上で、自分なりの方法や立場で温暖化の問題などに向き合ってほしい。

この素晴らしい世界がいつまでも続くように

私が子どもの頃、日本は太平洋戦争の真っ最中であった。言論が統制され、言いたいことが自由に話せる時代ではなかった。召集令状により兵隊に取られ、自分の夢ややりたいことを実現できないまま、戦火の犠牲になった人も多い。

日本全体が貧しく、食糧不足が深刻で、食べたいものも食べることができず、戦後間もない頃までは栄養失調などで餓死する人もいたほどだ。私自身もイモばかり食べていた記憶があり、「ララ物資」という米国による日本向けの援助物資により学校給食を食べることができ、体を大きくすることができた。

戦後は民主主義国家に生まれ変わり、言論の自由が保障されるようになった。それでも、昭和の頃までは「家制度」の名残があり、親の言いつけで進学先や嫁ぎ先を決めなければならなかったり、家業を継がなければいけなかったりと、いろいろ不自由な部分があったように思う。

それに比べれば、21世紀の現在は、自由な時代になったと実感する。一人一人の個性が尊重され、仕事や勉強、そして遊びでもやりたいことを行えるようになった。インターネットが普及し、Twitter（現X）やYouTubeなどのＳＮＳなどで誰もが思っていることを自由に表明できる。

それでも、ロシアやウクライナなど紛争下の国ではそうはいかない。ロシアでは、ウクライナへの侵攻を正当化するプロパガンダが横行し、政権に批判的なことを発言すると身柄を拘束されて処罰される。報道機関にも言論の自由はない。ウクライナでは、多くの人が祖国を離れ不自由な生活を強いられている。

言いたいことが言える、やりたいことができる、食べたいものが食べられる――自由な世界は本当に素晴らしいと思う。今の若い人たちにとっては当たり前なのかもしれないが、今の時代に生きることができる幸せを、ぜひかみしめてほしい。

そして、この素晴らしい世界がいつまでも続くように、地球温暖化などの環境問題に目を向け、そして解決に向けて力を尽くしていただきたい。

人のためでなく、未来の自分のために。

あとがき

２０２２年5月、米国のエマニュエル駐日大使にお目にかかる栄誉にあずかることができた。

大使が関西を訪問するのに合わせ、関西企業関係者との円卓会議場が設けられ、そのメンバーとして選ばれたのだ。在大阪・神戸米国総領事館から招待があり、喜んでお受けすることにした。

招待されたのは6社のトップで、パナソニック、村田製作所など、いずれも日本を代表する企業の経営者ばかり。中小企業はカンケンテクノの社長であった私だけである。おそらく、ＴＳＭＣの米国進出に合わせて当社も米国に子会社を設立したので、その関係で声がかかったのでないかと推察している。

エマニュエル駐日大使には、米国での子会社設立に関する一連の動きや、すでに、テキサス・インスツルメンツ（ＴＩ）など米国の主要な半導体メーカーと取引をさせていただいていることを報告。その上で米国進出をきっかけに、本土の半導体工場に排ガスの無害化装置を納入したいという目標をお話しした。

思えば60年前、私が環境に携わるきっかけを与えてくれたのが、米国製の大気浄化装置であった。当時の日本の技術はまだまだ未熟で、米国の最新鋭の装置を見よう見真似で作り、少しでも追いつくことができればと思っていた。

その後、排ガスの無害化装置の開発に本格的に着手。地球環境への影響を考え、かたくななまでに電気式とプラズマ式にこだわり続けた。21世紀に入り、企業や国などからも技術的に高評価をいただくまでになった。

米国から技術を供与してもらい、その技術を活用して長く仕事をさせていただいた。このたび、その技術を持って米国に進出することを、とても感慨深く感じる。米国から供与してもらった技術を進化させ、その技術を通じて在りし日のお礼をさせていただければと思っている。

「関西研熱工業」として生まれたカンケンテクノは、日本各地の工場に無害化装置を普及させていった。そして国境を越え、いつしかグローバルニッチトップとして認知されるまでに至った。

大気に国境線は引かれておらず、環境問題にボーダーはない。これからも地球全体をフィールドに、グローバルニッチトップとして恥じぬよう、引き続き地球温暖化の防止に貢献していければと思う。

筆者

【著者】
今村啓志（いまむら・ひろし）
カンケンテクノ株式会社　相談役。
1936年、山口県生まれ。山口県立山口高等学校卒、1960年、大阪府立大学工学部を卒業後、工業炉メーカーに入社し、環境設備の設計や製造など大気処理事業に従事。大気処理の経験を生かし日本一厳しい大気環境基準に対応できる設備を開発するため、1978年に関西研熱工業（現・カンケンテクノ）を起業。産業界で排出される有害ガスや温室効果ガスの浄化、無害化装置の開発、社業発展に尽力。国内の他に海外では7拠点を展開。

オールカーボンニュートラル
100年後の地球のためにすべきこと

2025年1月7日　第1刷発行

著者 ―――――― 今村啓志
発行 ―――――― ダイヤモンド・ビジネス企画
〒150-0002
東京都渋谷区渋谷1丁目6-10 渋谷Qビル3階
http://www.diamond-biz.co.jp/
電話 03-6743-0665（代表）

発売 ―――――― ダイヤモンド社
〒150-8409　東京都渋谷区神宮前6-12-17
http://www.diamond.co.jp/
電話 03-5778-7240（販売）

編集制作 ―――― 岡田晴彦
編集協力 ―――― 藤田勝久
装丁 ―――――― いとうくにえ
DTP ―――――― 齋藤恭弘
印刷・製本 ――― シナノパブリッシングプレス

ISBN 978-4-478-08498-4